Till Bastian
Die seelenlose Gesellschaft

TILL BASTIAN

# Die seelenlose Gesellschaft

## Wie unser Ich verloren geht

Kösel

Copyright © 2012 Kösel-Verlag, München,
in der Verlagsgruppe Random House GmbH
Umschlag: Oliver Weiss, München
Redaktion: Silke Uhlemann, München
Druck und Bindung: GGP Media GmbH, Pößneck
Printed in Germany
ISBN 978-3-466-30925-2

Weitere Informationen zu diesem Buch und unserem gesamten
lieferbaren Programm finden Sie unter
www.koesel.de

# Inhalt

# Zur Einführung

Mit technischen
Wunderwerken direkt ins
Desaster ...

Am 20. April 2010 – dieser Unglückstag war ein Dienstag – explodierte um exakt 22 Uhr amerikanischer Ortszeit und etliche Kilometer vor der Küste des Golfes von Mexiko die riesige Ölbohr-Plattform »Deepwater Horizon«, was elf Menschen das Leben kostete; zwei Tage später sank dieses 1998 bis 2001 in Südkorea gebaute, von der Firma »Transocean« betriebene und vom BP-Konzern angemietete »technische Wunderwerk«, dessen Herstellungskosten rund 350 Millionen US-Dollar betragen hatten. Für mehrere Monate flossen nach dieser für die Experten von »Transocean« und »British Petroleum« offensichtlich unvorstellbaren und unvorhersehbaren Katastrophe – gegen deren eventuelles Eintreten deshalb auch keine geeigneten technischen Vorkehrungen getroffen worden waren – aus der von »Deepwater Horizon« auf dem Meeresgrund in 1500 Metern Tiefe angebohrten Ölquelle »MC 252« täglich rund 800.000 Liter Erdöl (etwa 780 Millionen Liter insgesamt!) in das Salzwasser des Ozeans und verursachten in der Folge »die schlimmste Umweltkatastrophe in der Geschichte der Vereinigten Staaten von Amerika«. So jedenfalls hatte kein Geringerer als der exakt fünfzehn Monate vor der Katastrophe, am 20. Januar 2009 in sein Amt eingeführte 44. US-Präsident Barack Hussein Obama dieses Desaster treffend bezeichnet.[1]

Genau drei Wochen später, also abermals an einem Dienstag, am 11. Mai 2010, begann im Saal S. 325 des Russell-Office-Building in Washington D.C. eine Anhörung zu den Ursachen und zu den – damals freilich erst schemenhaft absehbaren – Folgen dieser Mega-Katastrophe. Senator Robert Menendez von der Partei der Demokraten ließ sich anlässlich dieser Zusammenkunft den sarkastischen Hinweis nicht entgehen, dass just im selben Saal genau achtundneunzig Jahre zuvor, im Mai 1912, ein anderes Hearing stattgefunden hatte, in dessen Verlauf 82 Überlebende der am 15. April 1912 untergegangenen »Titanic« befragt worden waren. Damals, so Senator

Menendez, sei über ein vermeintlich unsinkbares Super-Schiff verhandelt worden (dessen Untergang 1502 Menschen das Leben gekostet hatte) – heute, im Mai 2010, gehe es um eine Super-Bohrinsel, von der angeblich unter keinen Umständen jemals Öl ins Meerwasser gelangen konnte. »Leider«, so kommentierte Menendez die Duplizität der Fälle äußerst treffend, »endeten beide technologischen Wunder in einer Tragödie.«[2]

Dies allerdings. Betrachtet man die zwei Tragödien der modernen Großtechnik freilich etwas genauer, so stellt sich rasch heraus, dass das »Titanic«-Desaster vom April 1912 und die »Deepwater-Horizon«-Katastrophe vom April 2010 weit mehr Gemeinsamkeiten aufweisen als – beispielsweise – den Monat April, in dem sich beide Unglücksfälle ereignet hatten. Und gerade das sollte uns nachdenklich werden lassen. Ich möchte dabei drei für eine solche kritische Reflexion wesentliche Aspekte besonders hervorheben:

ERSTENS ging es hier wie dort, ging es damals wie heute um die Beschleunigung und um die Optimierung des gesellschaftlichen Stoffwechsels: 1912 sollten möglichst schnell möglichst viele Passagiere aus Europa über den Atlantik in die USA und von dort wieder zurück transportiert werden; 2010 sollte möglichst rasch möglichst viel Erdöl, das unverzichtbare Lebenselixier, der unentbehrliche Schmierstoff der Industriegesellschaft[3], aus der Tiefe des Meeresbodens in die Tanks eines weltweit operierenden Mineralölkonzerns gepumpt werden. Dieser Konzern ist, nebenbei bemerkt, gemessen an seinem Jahresumsatz das viertgrößte Unternehmen der Welt; im Katastrophenjahr 2010 erzielte er einen Umsatz von immerhin 308.928 Millionen US-Dollar, was einer Steigerung von 25,5 Prozent (!) gegenüber dem Vorjahr entsprochen hatte[4].

ZWEITENS hingen die Menschen – die sogenannten Experten ebenso wie wir, die »gewöhnlichen Sterblichen« – im Jahr 1912 wie auch anno 2010 in geradezu sträflicher Weise dem illusionären

Glauben an, alle technischen Eventualitäten könnten von ihnen nach Gutdünken kontrolliert werden, alle möglichen Pannen und Unfälle seien gegebenenfalls beherrschbar. Auf der »Titanic« hatte dieser Irrglaube unter anderem die fatale Folge, dass das Schiff nur mit einer ungenügenden Zahl von Rettungsbooten ausgestattet worden war, weil es ja als unsinkbar galt! Und auf eine Katastrophe wie die Verunreinigung des Meeres durch eine anderthalb Kilometer (!) unter der Wasseroberfläche vom Meeresboden aus angebohrte Ölquelle war 98 Jahre später eben jener Öl-Konzern leider nur in äußerst unzureichender Weise vorbereitet gewesen. Wie sich später herausstellte, hatte die US-Regierung ohne ausreichende Sicherheitsüberprüfung die Erlaubnis zu solchen riskanten Bohrungen erteilt.

Der DRITTE PUNKT hängt mit jenem zweiten unmittelbar zusammen: Die Mitglieder der technischen und politischen Elite, die in der technokratischen Industriegesellschaft alle wichtigen Hebel in den Händen hält, erweisen sich, wenn es »hart auf hart« kommt (sich also die von ihnen nicht vorhergesehene Katastrophe dann doch ereignet hat), keineswegs als jene kühlen Köpfe, die stets den nötigen Überblick behalten und nie die Nerven verlieren; sie geben sich zwar gerne einen ebensolchen Anstrich, denn das ist ihrer Karriere förderlich (und wir glauben es bereitwillig, weil wir es so glauben möchten!) – aber sie sind es beileibe nicht. Kapitän John Edward Smith (geboren 1850), der während ihrer ersten und letzten Reise auf der »Titanic« das Kommando innehatte – der Autor Wolf Schneider hat ihn in seinem sehr lesenswerten Buch »Große Verlierer« (Reinbek 2004) ausführlich porträtiert –, war zwar ein erfahrener Seemann, hatte aber schon im Vorjahr 1911 eine Kollision des »Titanic«-Schwesterschiffes »Olympic« mit dem britischen Kreuzer »Hawke« verantworten müssen. Offenbar hinderte dieser Unfall die Reederei, die 1869 gegründete und in Liverpool ansässige »White

Star Line«, aber keineswegs daran, diesem Pechvogel Smith alsbald das größte Passagierschiff aller Zeiten, die »Königin der Meere« – eben jene 269 Meter lange, am 31. Mai 1911 in Belfast vom Stapel gelaufene »Titanic« – anzuvertrauen. Kapitän Smith unterliefen in der vielfach erörterten Unglücksnacht vom 14. zum 15. April 1912 so viele Fehler, dass er aus heutiger Sicht als der Hauptverantwortliche für den durchaus vermeidbaren Tod von über 1500 Menschen bezeichnet werden muss.

Und was das mit der Ölkatastrophe vom April 2010 befasste Personal der Firma »Transocean« und des BP-Konzerns anbetrifft, so stellte der offizielle Untersuchungsbericht der US-Regierung ihrem Krisenmanagement ein wahrhaft verheerendes Zeugnis aus. Gemeinsam war den Verantwortlichen von 1912 und von 2010 freilich wohl vor allem eines: die gutgläubige Leichtfertigkeit, mit der sie darauf vertraut hatten, »dass nicht sein kann, was nicht sein darf«, weil nämlich schon die Möglichkeit einer Mega-Katastrophe den Lebenslügen unseres allgegenwärtigen technokratischen Selbstbetruges zuwiderläuft. Es verwundert infolgedessen kaum, dass die britische Zeitschrift »Guardian« im Juli 2011 etliche Dokumente veröffentlichen konnte, denen zu entnehmen war, dass es auf den Bohrinseln in der Nordsee in den Jahren 2009 und 2010 mehr als hundert Unfälle gegeben hatte, bei denen entweder Menschen zu Schaden kamen oder Gas oder Öl ins Meer geströmt waren. So konnte im Mai 2010 ein der »Deepwater-Horizon«-Katastrophe ähnlicher Unfall auf der Bohrplattform »Gullfaks C« der Ölgesellschaft »Statoil« offenbar nur mit großem Glück und in letzter Sekunde verhindert werden.[5] Wenig später wurden mehrere schwere Unfälle aus der Bohai-Bucht an der chinesischen Küste bekannt, wo der Konzern »ConocoPhillips« gemeinsam mit der einheimischen »China National Offshore Oil Corporation« vor der Küste der Volksrepublik China das größte unterirdische Ölfeld ausbeutet.[6] Und am 10. August 2011 entdeckte man auf der vom Shell-Konzern betriebenen Bohrinsel »Gannet Alpha« 180 Kilometer östlich der schottischen Küste ein Leck, aus dem über 1300 Barrel Öl (d.h. mehr als 206.000 Liter) das Wasser der Nordsee verunreinigt haben …

So weit zu einigen Gemeinsamkeiten der traurigen Ereignisse vom April 1912 und vom April 2010. Aber warum finden sie überhaupt so ausführlich Erwähnung?

Ich habe hier – auf den ersten Seiten eines Buches, das sich ja eigentlich mit dem bedrohten Seelenleben der Gegenwartsmenschen befassen will! – jene beiden berühmt-berüchtigten Großunfälle in Erinnerung gerufen, um damit deutlich zu machen, in welcher verhängnisvollen Weise die unser Leben andauernd stärker bestimmende Großtechnik immer wieder aufs Neue immense Gefahren, Schäden und Kosten produziert. Und all das, obschon uns beständig vorgegaukelt wird, wir lebten in der besten aller möglichen Welten und die Risiken jener allgegenwärtigen Technologie seien, jedenfalls im Vergleich mit ihrem Nutzen, äußerst gering und gegebenenfalls durchaus beherrschbar. Indes sind die von der Öffentlichkeit aufgeregt und mit meist schnell wieder verebbendem Schrecken wahrgenommenen dramatischen Unfälle und Katastrophen nur die auffällige Außenseite eines Prozesses – die zunehmende Technisierung der Welt –, an dem mich im vorliegenden Buch vor allem der scheinbar problemlose »Alltagsvollzug«, der undramatische »Normalbetrieb« interessiert. (Es gibt ja noch überreichlich mehr und andere Katastrophen: Man denke nur an die Kernschmelzen in Tschernobyl 1986 und in Fukushima 2011, also jenen zweifachen »Super-GAU« der uns jahrelang als unverzichtbar und ungefährlich angepriesenen »friedlichen« Atomkraftnutzung.) Katastrophen wie die hier genannten füllen die Schlagzeilen, zumindest für eine kurze Weile, aber die wahre Katastrophe ist, mit Walter Benjamin gesprochen, »dass alles weitergeht«, dass sich, auf Dauer gesehen, meist nur wenig ändert – wenn überhaupt.

Dieser katastrophale Alltag ist es, der, langfristig gesehen, unsere seelischen Widerstandskräfte unterminiert, unser inneres Regulationsvermögen lähmt und Raubbau an unseren psychophysischen Ressourcen betreibt. Dass man auch mit dem Menschen und seinem Seelenleben nachhaltig umgehen sollte, will man die Zukunft unserer Spezies nicht leichtfertig aufs Spiel setzen – diese Erkenntnis findet nur sehr wenig öffentliche Aufmerksamkeit. Eben deshalb ist sie quasi der rote Faden, der sich durch den gesamten Gedankengang meines Buches zieht.

Im Brennpunkt meines Interesses steht deshalb vor allem das alltägliche Funktionieren einer Zwischenwelt, die sich als ein »sekundäres System« (der Begriff stammt von dem rechtskonservativen Soziologen Hans Freyer, 1887–1969) zwischen den Menschen und seine natürlichen Lebensgrundlagen geschoben hat (auf die er, obschon er sie kaum noch wahrzunehmen scheint, dennoch nicht einfach verzichten kann und die sein Leben in immer höherem Maße prägt und bestimmt.) Dieser Prozess, es sei nochmals betont, schadet nicht nur der Umwelt, sondern auch unserer Innenwelt. Er beschädigt sie nachhaltig, entwertet sie und lässt ihre in Jahrtausenden vielfach bewährten seelischen Regulationsmechanismen immer öfter wirkungslos ins Leere laufen.

Das vorliegende Buch versucht eine Bestandsaufnahme dieser bedrohlichen Lage, möchte aber auch unsere Möglichkeiten zu Widerstand und Gegenwehr zumindest ansatzweise deutlich machen. Die in meinem vor zwei Jahren, 2010, veröffentlichten Band »Seelenleben. Eine Bedienungsanleitung für unsere Psyche« zusammengestellten Vorschläge für ein gelingendes Leben behalten durchaus ihre Berechtigung – deshalb werden sie hier auch nicht noch einmal wiederholt. Aber sie werden ergänzt durch die Analyse der aktuellen

Lage und durch eine Skizze möglicher Bewältigungsstrategien. Diese haben gewissermaßen ein friedliches Partisanentum zum Ziel, das für die Bewahrung der Humanität und für den Schutz unserer Seele kämpfen will – den einzigen Ort, an dem die Menschlichkeit ein Heimatrecht beanspruchen kann.

Als Leitlinie dieser »Menschlichkeitsguerilla« können uns schon jetzt jene Zeilen von Günter Eich gelten, die im Nachwort in einem größeren Zusammenhang noch einmal zitiert werden sollen:

*Wacht auf, denn eure Träume sind schlecht!*

*Seid unbequem, seid Sand, nicht das Öl im Getriebe der Welt!*

*Till Bastian,*
*im Winter 2011/2012*

Eins

Ein erster Überblick:
Was unsere Seele bedroht

Könnte es im weiteren Verlauf unseres Jahrhunderts noch nötig werden, jenes geheimnisvolle Wesen, das die Menschen schon seit Jahrtausenden, seit ihren ältesten schriftlichen Aufzeichnungen von eigener Hand unbefangen als ihre »Seele« bezeichnet haben, auf die »Rote Liste« der vom Aussterben bedrohten Arten zu setzen? Die Seele – ein in seinem Fortbestand gefährdetes Wesen, das des Artenschutzes bedarf, weil seine Existenzgrundlagen durch die technokratische Industriegesellschaft Zug um Zug zerstört werden?

»Die von Stress bedrängten Männer und Frauen von heute haben es eilig, zu gewinnen und zu verteilen, zu genießen und zu sterben, und ersparen sich jene Repräsentation ihrer Erfahrung, die man psychisches Leben nennt«, so hat die französische Philosophin und Psychoanalytikerin Julia Kristeva (geboren 1941) schon vor fast 20 Jahren geklagt: »Man hat weder die nötige Zeit noch den nötigen Raum, um sich eine Seele zu bilden.«[7] Was den Menschen einst als ihr »Innenleben«, was ihnen als ihre Seele gegolten hat, das werde – so meint Kristeva – heute von zwei Seiten her bis zur Verflüchtigung aufgesogen: durch die Fixierung auf den Körper, die Tendenz zur Somatisierung einerseits, und durch die Hingabe an die überstimulierende Bilderfülle der virtuellen Welten des Medienzeitalters andererseits. Als dessen Sinnbild betrachtete Kristeva damals noch den Fernsehapparat – seither hat sich die hier grob skizzierte Entwicklung mit der Ära der Computerspiele und des Internets noch einmal rasant beschleunigt.

Als ein wohl nur vordergründig amüsanter Beleg dafür mag eine Szene gelten, über die die Süddeutsche Zeitung am 5. Dezember 2009 in einer kleinen Glosse mit der bezeichnenden Überschrift »Stilkritik« berichtet hat. Unter dem Foto eines Hochzeitspaares und eines bei ihm stehenden Geistlichen konnte man da lesen: »Rechts, das ist der Softwareentwickler Dana Hanna aus Abingdon, Maryland, USA, der in einer Kirche gerade seine Frau Tracy heiratet. Als der Priester spricht: ›Und somit ernenne ich sie zu Mann und Frau‹, fischt Hanna sein Handy heraus und meldet auf seiner Facebook-Seite, dass er ab sofort verheiratet ist. Dann gibt er bei Twitter ein: ›Jetzt wird es Zeit, meine Frau zu küssen.‹ Auch Tracy ändert ihren Facebook-Beziehungsstatus noch vor dem Altar. Der Priester sagt: ›Jetzt ist die Ehe offiziell. Es steht bei Facebook.‹ Irgendwer filmt das alles brav mit und lädt die Szene später bei YouTube hoch. Seither leuchten die Gesichter von Dana, Tracy und dem Priester dort flatscreenhell.« 〉〉〉

Um einen ersten Eindruck davon zu gewinnen, wie sehr der Gegenwartsmensch viele Prozesse nach außen verlagert – zum Beispiel in die Kunstwelt der »sozialen Netzwerke« –, die sich in früheren Zeiten vor allem in seinem Inneren, also in seinem Seelenleben abgespielt hatten, vergleiche man die gerade geschilderte Hochzeit von Tracy und Dana Hanna im Herbst 2009 und den bei ihr inszenierten exhibitionistischen Mitteilungsdrang mit einer gut neunzig Jahre zuvor, 1918, niedergeschriebenen Erinnerung an eine Szene aus dem Sommer 1886. Sie stammt aus der erst posthum veröffentlichten Autobiographie von Arthur Schnitzler (1862–1931) und schildert seine damalige Verliebtheit in die schöne, unglücklich verheiratete Gastwirtin Olga Waissnix. Leider wurde Olga von ihrem misstrauischen und eifersüchtigen Ehemann sehr genau beobachtet. Da es somit keinerlei Gelegenheit für ein ungestörtes Treffen gab, beschloss das verliebte Paar, auf der Hotelterrasse miteinander Schach zu spielen.

Schnitzler beschrieb dieses heimliche Rendezvous mit den folgenden Worten:

»Wer immer wollte, blieb für kürzere oder längere Zeit neben unserem Tischchen stehen und warf einen flüchtigen, zuweilen etwas lächelnden Blick auf das Schachbrett, auf dem übrigens die

Es soll meinen Leserinnen und Lesern nicht vorenthalten werden, mit welchen in meinen Augen sehr treffenden Worten der Redakteur der Süddeutschen Zeitung, Martin Zips, den oben geschilderten Vorgang kommentiert hat:

»Im Zeitalter *vor* Facebook war der Mensch, grob gesagt, allein das: Familienmitglied, Arbeitskollege, Freund. Und schon dies hat viele überfordert. Mal war hier mehr Selbstbewusstsein gefragt, mal dort mehr Unterordnung, mal hier mehr Kompromissbereitschaft. Heute ist der Mensch zusätzlich noch ich@bla-bla.com, vorname.nachname@firmenbla-bla.com und rattenschwanz@lotterleben.com (nach 23 Uhr). Der Mensch ist 0172, 0173 und 0160 und nur noch selten übers Festnetz zu erreichen. Er hat mehrere Anrufbeantworter und 34 verschiedene eBay-Identitäten. Wenn man ihm ein Fax schickt, leuchtet sein Blackberry auf, schickt man ihm eine SMS, vibriert es in seiner Jackentasche. Der Mensch ist Mitglied bei Facebook, Twitter, Lokalisten, Xing und DingensVZ, er versendet aus dem Urlaub Handyfotos und lädt Videos bei YouTube hoch. Der Mensch hat einen Knall.«

Figuren in kürzeren und längeren Pausen wirklich, gelegentlich sogar ganz der Regel nach, hin und her zogen. Konnte es etwas Harmloseres geben als solch ein Spiel? Im Freien, im Hof, am Hoteleingang, angesichts der Welt gewissermaßen? Und wenn beim Rücken der Figuren die Finger der beiden Spieler flüchtig sich berührten, konnte das überhaupt irgendwem auffällig vorkommen? Und wenn dann ein Zittern durch unsere Glieder lief, unsere Wangen sich röteten, unsere Blicke feucht schimmerten, war das durch die Erregung des Spiels nicht ausreichend erklärt? Und wenn man etwa von weitem, von einem der Fenster im ersten oder zweiten Stock gewahrte, dass unsere Lippen sich leise bewegten, konnte ein gutwilliger Mensch ahnen, dass dieses Lippenbeben nicht bedeutete ›Schach dem König‹, sondern vielleicht: ›Ein Augenblick neben Ihnen, Arthur, wiegt mir alle Schmerzen auf, die ich Ihretwegen zu leiden habe.‹ Nicht ›Schach der Königin‹, sondern: ›Ich möchte Ihnen zu Füßen sinken, Olga, und weinen …‹«[8]

Indem ich diesen Text zitiere, möchte ich allerdings keinesfalls den Eindruck erwecken, ich sähe in jener Epoche, in der Arthur Schnitzler seine schwierige Affäre mit Olga Waissnix durchlitten hat, eine »gute alte Zeit« verkörpert, zu der ich gar noch zurückkehren wollte. Weder hege ich derartige Wünsche, noch mache ich mir die geringsten Illusionen: In jenen Tagen hatten die Menschen, und ganz besonders die Frauen, ohne Zweifel schwer unter den massiven Einschränkungen einer rigiden Sexualmoral zu leiden – nicht nur die Berichte jener Patientinnen und Patienten, die in der Wiener Berggasse in der Praxis des Neurologen und Schnitzler-Bewunderers Dr. Sigmund Freud (1856–1939) um Behandlung ihrer »neurotischen« Leiden nachgesucht haben, geben von dieser Not beredtes Zeugnis. Gewiss, nicht alle Bewohner Wiens um 1900 sind behandlungsbedürftig geworden. Doch für alle Menschen der damaligen Zeit, ob nun therapiebedürftig oder nicht, dürfte zutreffen, dass die

Einschränkung durch rigide gesellschaftliche Normen, insbesondere sexueller Art, ihr inneres Leben geprägt und dabei, jedenfalls aus heutiger Perspektive, in gewissem Sinne auch bereichert haben. Ohne Zweifel hat die soziale Konflikthaftigkeit der damaligen Welt – unter anderem ihre Prüderie und ihre doppelte Moral – auch das Seelenleben der damaligen Menschen mit Konflikten »aufgeladen« und damit nicht selten zu jenen »Bewältigungs«-Versuchen geführt, die dann von mutigen, unkonventionell denkenden Ärzten wie Sigmund Freud als »neurotisch« klassifiziert worden sind. Aber auch bei ihren gesunden Zeitgenossen waren jene Prozesse wirksam, die sich als »Verinnerlichung« beschreiben lassen: Gerade aus der inneren Widerspiegelung sozialer Konflikte (zum Beispiel zwischen sexueller Neigung und moralischem Gebot) ist jenes seelische Vermögen entstanden, das eine Fülle von Regulationsvorgängen (oft mit einem wenig glücklichen Begriff als »Abwehrmechanismen« bezeichnet) umfasst und das Psychologen von Sigmund Freud bis Norbert Bischof (geboren 1930) als unseren »psychischen Apparat« bezeichnet haben. In jedem Fall wurden die Menschen durch die äußeren Verhältnisse immer wieder, und oft durchaus schmerzlich, auf ihr inneres Leben und die ihm innewohnenden Konflikte, also auf ihre »Seele« verwiesen. Das ist kein Wunder, denn diese Seele ist ja durch die Versuche zur Bewältigung äußerer Konflikte zu dem geformt worden, was sie heute ist. Und auf Zeiten strenger äußerer Normen konnte das »Innenleben« entsprechend elastisch reagieren – bei besonders großer Not durchaus in Form von Krankheit (»Neurose«), die auch als missglückter, als entgleister Versuch der Selbstheilung betrachtet werden kann.

So war es jedenfalls damals – in den Zeiten von Sigmund Freud, Olga Waissnix und Arthur Schnitzler.

Und heute?

Ein um gut hundert Jahre jüngerer Redakteur der Süddeutschen

Zeitung, Alex Rühle (geboren 1969), hat 2010 in seinem Buch
»Ohne Netz« über eine für ihn offenbar ziemlich harte »Fastenkur«
berichtet, mit der er sich selber »ein halbes Jahr offline« verordnet
hatte. Seine durch die eigene Online-Sucht bewirkte Hingabe an
ein nicht mehr hinterfragtes virtuelles »Jetzt« hatte ihn nachdenklich gemacht: »Sollte Freuds These stimmen, dass die kulturelle
Leistung des Menschen der Aufschub ist, die Sublimierung, die Fähigkeit, Spannung auszuhalten und die Befriedigung auf später zu
verschieben, dann bin ich mittlerweile ein komplett unkultivierter
Höhlenmensch.«[9] Diese Selbst-Diagnose geht allerdings in die Irre,
denn schon die Höhlenmenschen waren »kultiviert«. Sie mussten –
insbesondere unter den harten Daseinsbedingungen der Eiszeiten –
Triebaufschub und Spannungsregulation gelernt haben, um überleben zu können; das Leben in kleinen Gruppen und die gemeinsamen
Rituale (das älteste Musikinstrument, eine vor fast 40.000 Jahren
gefertigte steinzeitliche Flöte, stammt aus einer Höhle auf der
Schwäbischen Alb!) dürften ihnen dabei geholfen haben – aber das
ist Jahrzehntausende her (wir werden später noch einmal auf diese
»Epoche der Menschwerdung« zurückkommen). Gerade die »Segnungen« der modernen Zivilisation unterminieren diese in einer
langen Menschheitsgeschichte herangebildeten seelischen Fähigkeiten auf eine nachhaltig wirksame Art, wie dies Alex Rühle in seinem selbstironischen Offline-Tagebuch hinreichend deutlich werden lässt.

Ein anderes Beispiel: Das Magazin Gehirn und Geist hat in einer zwei Jahre vor Rühles Buch, Anfang 2008, erschienenen Aus-
gabe festgestellt, dass die sexuelle Aktivität der Deutschen seit 1980
beständig abgenommen habe – und dies vermutlich *gerade wegen*
der Allgegenwart von Sexualität in einer keinerlei Schamgrenzen
mehr respektierenden Werbe-, Medien- und Internet-Welt.[10] Die
ständige öffentliche Inszenierung sexueller Stimulation jedweder

Art führt offenkundig nicht zuletzt dazu, dass den Menschen im eigenen Alltag der Spaß am Sex zunehmend vergeht. Der bekannte Verhaltenstherapeut und klinische Psychologe Peter Fiedler von der Universität Heidelberg (geboren 1945) hat die statistischen Daten am genannten Ort so interpretiert:

»In dem Maß, wie die traditionelle Sexualmoral mit ihren Verboten, Sanktionen und Schuldgefühlen verschwand, machte sich scheinbar Langeweile breit. Offensichtlich besaßen gerade die unerfüllten, oft verbotenen oder tabuisierten sexuellen Wünsche und Bedürfnisse eine große Triebkraft.«[11]

Man mag bei diesen Worten auch an jene Epoche denken, in der der junge Sigmund Freud zutiefst darüber erschrak, während einer Fahrt im Schlafwagen die (halb-)nackte Mutter, *matrem nudam* gesehen zu haben (noch als Erwachsener musste er das in lateinischen Worten niederschreiben!). Und die Gegenwart? In einer Zeit, in der Kinder und Jugendliche mühelos in der Lage sind, sich auf dem Schulhof zum Zeitvertreib via Handy überreichlich Sex- und Gewaltdarstellungen zu betrachten, leben wir offenkundig unter völlig anderen Bedingungen als einst in der viktorianischen oder in der wilhelminischen Ära! Und damit werden wir auf das Faktum verwiesen, dass die Sexualnot des 19. Jahrhunderts offenbar von der Identitätskrise des 21. Jahrhunderts abgelöst worden ist. Der Frankfurter Psychoanalytiker Martin Altmeyer (geboren 1948) hat das pointiert und sehr zutreffend einmal so ausgedrückt:

»Nicht die Sexualität, die Identität ist das Hauptproblem des Gegenwartsmenschen.«[12]

Deshalb werden wir uns dem Thema Identität im nächsten Kapitel ausführlich widmen. Dennoch lässt sich schon jetzt fragen: Wie ist die zugestandenermaßen recht globale Aussage Altmeyers gemeint? Meines Erachtens geht es im Wesentlichen um das folgende Problem:

Der Gegenwartsmensch in der ersten Hälfte des 21. Jahrhunderts – und ich spreche, das sollte der Klarheit halber noch hinzugefügt werden, vor allem von den Menschen in den reichen Industrieländern der Nordhalbkugel – wird offenbar immer weniger von inneren Konflikten etwa zwischen sexuellem Begehren und restriktiver Moral motiviert; er versucht unter Anspannung (und oft unter Überbeanspruchung) all seiner Kräfte, überstimuliert durch eine Umwelt mit permanentem Aufforderungscharakter und zu einer Fülle von »Synchronisationsleistungen« genötigt (diese sind erforderlich, um im »Mainstream« überhaupt mitschwimmen zu können), sich eine Identität zu geben, die allen Erfordernissen genügt. Anders gesagt, er strebt danach, ein Bild von sich selbst zu entwerfen, das mit dieser Welt in bestmöglicher Übereinstimmung steht. Weniger das »Gewissen« peinigt uns (also das schmerzliche Gefühl, gegen moralische Normen verstoßen zu haben), sondern vielmehr die mangelnde Übereinstimmung unserer Lebensrealität mit dem von unserem Selbst entworfenen Ideal-Bild, dem »Selbst-Ideal« mit seinen immanenten Wunschvorstellungen und Größenphantasien. Die Diskrepanz zwischen diesem Wunschbild von sich selbst und der oft als wenig befriedigend erfahrenen Wirklichkeit der realen eigenen Person erschwert nicht nur die Herausbildung einer stabilen Ich-Identität – sie führt offenbar immer öfter zum Rückzug in die Passivität und in virtuelle Welten, in denen eigene Defizite nicht mehr oder jedenfalls nur noch selten als schmerzlich empfunden werden.

Es ist infolgedessen nicht mehr – oder jedenfalls nur noch vergleichsweise selten – der klassische »neurotische Konflikt« mit seinen Folgeerscheinungen (etwa den von Sigmund Freud und Joseph Breuer im Jahr 1895 gemeinsam beschriebenen »Konversionssymptomen), der die seelische Realität der Menschen von heute bestimmt. Sondern die auf das verzweifelte Bemühen nach

»Dabei-Sein«, nach Mit-Tun immer öfter folgende Ermattung, die Erschöpfung, das »Burn-out-Syndrom«[13] und die depressiven Herabgestimmtheiten aller Art: Überforderung und Übermüdung, nicht innerer Zwiespalt, nicht mehr der Widerstreit von »Pflicht und Neigung«, wie es in der Sprache der Klassiker und des deutschen Idealismus hieß. An die Stelle von »Herkules am Scheidewege« tritt »Herkules, der Überforderte und Ausgebrannte« – ein trauriger Held der Gegenwart, der sich in seinem Wunsch nach Ruhm und Anerkennung, nach erfolgreichem Mithalten im Lebenskampf schlicht und einfach zu viel zugemutet hat.

Der französische Soziologe Alain Ehrenberg (geboren 1950) schildert in seiner breit angelegten Studie über Depression und Gesellschaft mit dem bezeichnenden Titel »Das erschöpfte Selbst«[14] ausführlich diesen »Kontext sich wandelnder Normen«, wobei er einen besonders gravierenden Wandel für die Zeit nach dem Zweiten Weltkrieg und insbesondere nach 1960 annimmt, also für die Epoche der jetzt in das Stadium ihrer vollen Blüte eintretenden »Konsumgesellschaft«:

»Die traditionellen Regeln zur Eingrenzung des individuellen Verhaltens werden nicht mehr akzeptiert, und das Recht, selbst zu entscheiden, welches Leben man führen möchte, schlägt sich im Verhalten nieder … An die Stelle von Disziplin und Gehorsam treten die Unabhängigkeit von gesellschaftlichen Beschränkungen und das sich Verlassen auf sich selbst; an die Stelle der Endlichkeit und des Schicksals, mit dem man sich abfinden muss, die Vorstellung, dass alles möglich ist; an die Stelle der alten bürgerlichen Schuld und des Kampfes um die Befreiung vom väterlichen Gesetz (Ödipus) die Angst, nicht auf der Höhe zu sein, und die Leere und Ohnmacht, die daraus resultieren.«[15]

Das Individuum des 21. Jahrhunderts hat sich, wie es scheint, weitgehend von jenen seelischen und sozialen Einschränkungen befreit, die in früheren Zeiten mit der Verinnerlichung sittlicher sozialer Normen einhergegangen waren – etwa von der den Kindern vor allem durch ihre strengen Väter »eingebläuten« puritanischen Sexualmoral des 19. und des frühen 20. Jahrhunderts. Es hat sich damit auch von vielen quälenden inneren Konflikten entlasten können. Aber es hat sich dafür eine neue Bürde eingehandelt, die ihm freilich in viel stärkerem Maße von »außen« auferlegt worden ist: die riesige Menge der alltäglichen Gebote, die erfüllt werden müssen, um sich alltagspraktisch »richtig« zu verhalten (etwa die Notwendigkeit, sich eine Vielzahl von Geheimzahlen, PIN-Nummern und Passwörtern merken zu müssen!), die vielen Forderungen, die aus dem Zwang zur Meisterung des Alltagslebens entspringen und die unaufhörlichen Pflichten, uns in einer oft recht genau bestimmbaren Art und Weise zu benehmen, wenn wir uns einer bestimmten Kultur und / oder Subkultur zugehörig fühlen wollen – wir werden uns damit noch eingehend befassen. Und wenn der moderne Mensch all dies halbwegs »geregelt« hat, wendet er den Rest seiner Energie aller Wahrscheinlichkeit nach dafür auf, erlebnisorientierte Verhaltensoptionen zu realisieren (dies oft in Eile und unter erheblichem Zeitdruck) und sich durch entsprechende Aktivitäten seiner (stets bedrohten) Identität zu versichern, die sich in ständiger Konkurrenz mit seinen Mitmenschen zu bewähren hat und bewahrt werden soll.

Liegt eine fast schon bitter ironisch anmutende »Pointe« dieser Entwicklung darin, dass durch das Übermaß dieser Außensteuerung – deren Mechanismen in den nächsten beiden Kapiteln noch detailliert umrissen werden sollen – der moderne Mensch auch seines traditionellen (aus der Aufarbeitung innerer Konflikte sich entwickelnden) Seelenlebens verlustig geht, seiner Seele los und ledig wird? Er verwendet seine Mühe nicht mehr darauf, zu »sublimieren« (einer der von Sigmund Freud hoch geschätzten »Abwehrmechanismen« bzw. Bewältigungsstrategien angesichts der belastenden

Einschränkungen des sexuellen Lebens), wie Arthur Schnitzler und Olga Waissnix bei den von ihnen zur Tarnung gespielten Schachpartien; er hat es auch »nicht mehr nötig«, die eigene Not auf andere Weise innerlich zu bewältigen, denn seine Konflikte sind ja »draußen«: Sie offenbaren sich in erster Linie in dem bereits geschilderten verzweifelten Bemühen, im Mainstream mitzuschwimmen ohne unterzugehen, »auf der Höhe zu sein« und an den Segnungen der schönen neuen Welt nach Kräften teilzuhaben. In jedem Fall erzeugt die veränderte Situation »neuen Druck auf das Individuum, das sich nun dort auskennen muss, wo es früher nur gehorchte«.[16] Es wird uns also eine Fülle von neuen Kompetenzen abverlangt, die freilich oft ebenso schnell wieder entwertet sind (etwa dann, wenn wiederum eine neue Form von technischer Raffinesse weitgehend Allgemeingut geworden ist). »Welchen Bereich man sich auch ansieht«, schreibt Alain Ehrenberg weiter, »die Welt hat neue Regeln.« Und welche? »Es geht nicht mehr um Gehorsam, Disziplin und Konformität mit der Moral, sondern um Flexibilität, Veränderung, schnelle Reaktion und dergleichen. Selbstbeherrschung, psychische und affektive Flexibilität, Handlungsfähigkeit: Jeder muss sich beständig an eine Welt anpassen, die eben ihre Beständigkeit verliert, an eine instabile, provisorische Welt mit hin und her verlaufenden Strömungen und Bahnen«.[17] Die Folge dieses oft äußerst mühevollen und aufreibenden Strebens sind – wie schon erwähnt – immer öfter Überanstrengung, Erschöpfung, Überdruss, Frustration und innere Leere.

Wie es dabei zugeht, wird in diesem Buch noch genauer beschrieben werden. Jetzt, in diesem einleitenden Kapitel, möchte ich zunächst noch etwas anderes betonen:

Das Beharren auf einer eigenen Innerlichkeit, auf einer »Seele« ist in meinen Augen weniger die rückwärtsgerichtete Nostalgie eines romantisierenden Wertkonservativen (als den man mich vermutlich gerne verunglimpfen wird) als vielmehr vor allem ein Beharren auf einer eigenen Identität, auf einer eigenen Geschichte – einer Geschichte, die unter anderem von inneren Konflikten und den Versuchen zu ihrer Bewältigung gekennzeichnet ist. Aber wer interessiert sich heute noch für solche inneren Irrungen und Wirrungen? Wer interessiert sich noch für eine Geschichte der Seele? Die Hauptakteure im »Großen Spiel« der Gegenwart, die Banker, die Staatenlenker, die Herren der Konzerne bestimmt nicht.

Diesen Verdacht haben freilich auch schon andere gehegt. In seinem berühmten Roman »Brave New World« (auf Deutsch »Schöne neue Welt«, 1932) lässt der Autor Aldous Huxley (1894– 1963) schon zu Beginn der von ihm erzählten Handlung einen Akteur mit dem bezeichnenden Namen Mustafa Mannesmann auftreten, einen der zehn »Weltaufsichtsräte«. Dieser bedeutende Mann sagt, so Huxley, »mit seiner tiefen, markigen Stimme: ›Sie alle kennen wohl den schönen und wahren Ausspruch Ford des Herrn: Geschichte ist Mumpitz. Geschichte‹, wiederholte er langsam, ›ist Mumpitz.‹ Er unterstrich seine Worte mit einer schwungvollen Handbewegung, und es war, als hätte er mit einem unsichtbaren Federwisch etwas Staub hinweggefegt. Der Staub war Harapa, war das chaldäische Weltreich; ein paar Spinnweben, die waren Theben und Babylon und Knossos und Mykenae. Wisch, wisch, wisch – weg waren Odysseus und Hiob, weg waren Jupiter und Buddha und Jesus. Wisch, wisch – und die kleinen alten Dreckhäufchen, genannt Athen und Rom, Jerusalem und das Reich der Mitte, weg waren sie. Wisch – leer war die Stelle, wo einst Italien blühte. Wisch – die Kathedralen; wisch – König Lear und die Philosophie Pascals. Wisch – die Matthäuspassion; wisch – Mozarts Requiem; wisch – die Neunte; wisch, wisch, wisch …«[18]

Man sollte sich nicht an den Details der von Huxley schon vor rund achtzig Jahren ersonnenen Geschichte stören! Denn eines ist offenkundig – der von ihm benannte Prozess des Wegwischens, des Ausradierens ist schon längst im Gang. Er verwirklicht sich möglicherweise nicht in einer unmittelbaren Löschung der fraglichen Dateien, denn über diese Möglichkeit verfügen weder das individuelle noch das kulturelle Gedächtnis. Es ist eher so, dass die Dateien ständig überschrieben und entstellt werden, immer wieder, bis sie am Ende unkenntlich sind.

Das vorliegende Buch versucht, Verschüttetes, Überschriebenes und Übertünchtes wieder freizulegen, es kenntlich zu machen und zu rekonstruieren – in der Hoffnung, dadurch mithelfen zu können bei der Beantwortung der Frage, was wirklich wichtig ist. Ich wähle absichtlich diese Worte: Ich will mithelfen bei der Suche nach einer Antwort. Die Antwort geben kann ich nicht. Diese Aufgabe muss jeder für sich selbst bewältigen …

Was mich zum Schreiben meines Buches bewegt hat, ist vor allem die Angst, dass es schon in Bälde just so kommen könnte, wie dies Huxley hellsichtig vorhergesehen hatte – wenn wir es zulassen, dass der kulturfeindliche Federwisch eines technokratischen Zeitalters am Ende auch das hinwegwischt, was die Menschen über Jahrhunderte als ihre Seele beklagt und gerühmt haben.

Der »außengeleitete
Charakter«

# 1. Konsumgesellschaft und ungelebtes Leben

Kurz nach dem Ende des Zweiten Weltkrieges hatte der US-Wissenschaftler David Riesman (1909–2002) gemeinsam mit seinen beiden Mitarbeitern Reuel Denney und Nathan Glazer den ersten »soziologischen Weltbestseller« veröffentlicht: das ungemein erfolgreiche Buch »The lonely crowd« (auf Deutsch »Die einsame Masse«, 1956). Das Autorenteam konstatierte darin einen Übergang zunächst vom »traditionsgeleiteten« zum »innengeleiteten« Verhalten, was in etwa jener Entwicklung entspricht, die ein anderer »Klassiker« der Soziologie, Norbert Elias (1897–1990), in seiner Untersuchung über den »Prozess der Zivilisation« einige Jahre zuvor als den Fort-Schritt »vom Fremdzwang zum Eigenzwang« bezeichnet hatte. In der modernen Dienstleistungs- und Konsumgesellschaft jedoch, die sich in den USA in der ersten Hälfte des 20. Jahrhunderts, in Deutschland wie in ganz Europa allerdings erst nach dem Zweiten Weltkrieg herausgebildet hat, trete – so glaubten Riesman und seine Mitautoren – zunehmend ein neuer »Charaktertyp« auf, der nicht mehr traditions- oder innengeleitet sei, sondern durch den Einfluss seiner Mitmenschen gesteuert werde, im Original »other-directed« (was mit dem Adjektiv »außengeleitet« eher unzulänglich ins Deutsche übersetzt worden ist). Diese tief greifende Veränderung des menschlichen Wesens gilt als eine unmittelbare Folge der gewandelten Lebensbedingungen, denn die neuartige gesellschaftliche Formation, die »Konsumgesellschaft«, bedeutete – so schreibt der Historiker Wolfgang König (geboren 1949), der einen sehr lesenswerten Band über ihre Entstehung veröffentlicht hat (»Geschichte der Konsumgesellschaft«, Stuttgart 2000) – »einen epochalen Wandel in der Menschheitsgeschichte«.

Worin bestand dieser epochale Wandel, dieser tief greifende Umbruch? König umreißt ihn so:

»Wohlstand trat an die Stelle von Armut, Überfluss an die Stelle von Mangel – und das für die Mehrheit der Bevölkerung. In den Mangelgesellschaften früherer Zeiten gewannen die meisten Menschen trotz des herrschenden Überflusses an Arbeit nur begrenzte Handlungs- und Entfaltungsmöglichkeiten. In der Konsumgesellschaft übertraf die freie Zeit die Arbeitszeit. Die Menschen besaßen die Wahl zwischen einer Fülle von Gütern und Dienstleistungen, Freizeitbetätigungen, Unterhaltungs- und Vergnügungsangeboten.«[19]

Diese moderne Konsum- und Freizeitgesellschaft hat man wegen der Fülle der von ihr gebotenen Möglichkeiten – zwischen denen sich entscheiden zu müssen vielen unserer Mitmenschen ja keineswegs leichtfällt – auch treffend als »Multioptionsgesellschaft« bezeichnet (so Peter Gross 1994).[20] Offenkundig wird in ihr die Bildung einer eigenen, in und an der Bewältigung innerer Konflikte herangereifter Identität immer schwieriger. Denn zu der Vermehrung der Möglichkeiten gesellt sich ja noch das folgende Faktum: Unser Lebensweg ist, soweit sich das in statistischer Mittelwertbildung abschätzen lässt, in den letzten hundert Jahren sehr viel länger geworden – ein Kind, das im selben Moment, in dem ich diese Zeilen niederschreibe, in Deutschland geboren wird, hat die durchschnittliche Chance, circa 84 Jahre (als Mädchen) bzw. circa 79 Jahre (als Junge) alt zu werden. Außerdem ist dieser Lebensweg sehr wesentlich vom Druck schicksalshafter, in früheren Zeiten oft völlig unbeeinflussbarer Außenfaktoren befreit: Seuchen, Hungersnöte, Wetterunbill – all diese Gefahren spielen längst nicht mehr jene bedeutende Rolle, die sie noch vor 300 Jahren für eine Bauernfamilie hatte, zu einer Zeit, als über 80 Prozent der Menschen von der Landwirtschaft gelebt haben. Bei einer Reise in der damaligen Zeit – also im Jahr 1711 – drohte dem Wanderer Gefahr vor allem von Unwettern, von Räubern und von wilden Tieren; heute hingegen kommt es darauf an, dass ich mein Auto mit höchster Konzentration durch den Verkehr steuere, dass ich nicht »die Kontrolle verliere« – in gewissem Sinne bin ich selber mein größter Feind. Auch die durch Krankheit und Alter bedingten körperlichen Schmerzen sind in hohem Maße geschwunden, und zudem hat die moderne Technik uns sehr weitgehend von der Fron harter körperlicher Arbeit befreit – selbst Garten- und Garagentor lassen sich heute mühelos mit einem fernbedienten Elektromotor öffnen. Ich will die wertvollen Seiten dieses Fortschrittes keineswegs in Abrede stellen. Denn wer wie ich in den Fünfzigerjahren des 20. Jahrhunderts aufgewachsen ist, wird durchaus abschätzen können, welche enorme Erleichterung in der Hausarbeit (die damals ja noch überwiegend Frauenarbeit gewesen ist!) die Zentralheizung samt Warmwasserversorgung, die Waschmaschine und der Kühlschrank nach sich gezogen haben!

Aber alles hat seinen Preis. Mögen die genannten äußeren Gefahren auch gezähmt und eingedämmt worden sein, der »Innendruck« (als Zwang zur Selbstdisziplin und Selbstkontrolle), unter dem wir andauernd stehen, ist zugleich gewaltig gewachsen, und wenngleich meine Muskeln entlastet worden sind, so hat doch die Beanspruchung meines Nervensystems erheblich zugenommen. In einer ungeheuer komplexen und komplizierten Lebenswelt muss das Individuum beständig die Teilbereiche seines Lebens koordinieren und dabei Entscheidungen treffen, für die es sich möglicherweise gar nicht befähigt fühlt. Aber jede Entscheidung für etwas – für den Film, den ich mir heute Abend ansehe, für das Konzert, das ich besuche, für die Jeans, die ich mir kaufe, für den Beruf, den ich ergreife, für den Partner, mit dem ich zusammenlebe – ist auch eine Entscheidung gegen etwas, bedeutet eine nicht realisierte Möglichkeit, bedeutet den Verzicht auf eine andere, nicht begangene Richtung des Lebensweges. Später werden wir ertragen müssen, dass sich die Lebensuhr nicht mehr zurückstellen lässt. Der englische Dichter Samuel Taylor Coleridge (1772–1834) hat in einer sehr poetischen Metapher den menschlichen Verstand mit einer Laterne verglichen, die nur die Wellen hinter dem Heck des Schiffes beleuchtet. Anders ausgedrückt: Gerade wegen seiner größeren Autonomie, wegen seiner gewachsenen Möglichkeiten der Selbstverwirklichung schleppt das Individuum eine immer umfänglichere Menge an ungelebtem Leben mit sich herum, die ihm möglicherweise den Anlass für hartnäckige Grübeleien und quälende Selbstvorwürfe liefert …

Der bereits zitierte und nicht minder berühmte, mit David Riesman geistesverwandte Soziologe Norbert Elias hat es so ausgedrückt:

»Der Weg, den der einzelne in hoch differenzierten Gesellschaften zu gehen hat ( … ), ist außerordentlich reich verästelt, wenn auch gewiss nicht in gleichem Maße für Individuen verschiedener sozialer Schichten; er führt an einer großen Anzahl von Weggabelungen und Kreuzwegen vorbei, an denen man sich zu entscheiden hat, ob man hierhin oder dorthin geht. Falls man zurückblickt, kann man leicht in Zweifel geraten: Hätte ich nicht damals den anderen Weg einschlagen sollen? Habe ich nicht damals alle die Möglichkeiten, die ich hatte, vernachlässigt? Nun habe ich dies erreicht, habe dies und das anderen gegeben, bin für dies und das Spezialist geworden. Habe ich nicht viele andere Gaben, die ich hatte, verdorren lassen? Und vieles beiseitegestellt, was ich zu tun vermocht hätte?«[21] 〉〉〉

Norbert Elias hatte den »Prozess der Zivilisation«, wie oben schon erwähnt, als Weg »vom Fremdzwang zum Eigenzwang« gekennzeichnet; seine Darstellung stimmt mit der von David Riesman in den Grundzügen weitgehend überein. Die von Elias geschilderte Epoche des »Fremdzwangs« ist jene, die Riesman »traditionsgeleitet« nennt, und die des »Eigenzwangs«, die seit dem Ende des Mittelalters die Geschicke der europäischen Menschen lenkt, ist die des »innengeleiteten« Charakters, wie es bei Riesman und Mitarbeitern heißt. Riesman hat aber den Verlauf des Zivilisationsprozesses um jene neue Epoche ergänzt, um die es uns in diesem Kapitel geht: die der »Außenleitung«, der Bestimmung durch die Einflüsse der anderen (»other-directed«).

Die Fülle der Entscheidungsmöglichkeiten erzeugt eben auch Entscheidungsdruck – und dazu noch die Angst, das Beste zu versäumen. Dies erschwert nicht nur das Streben nach Glück, zumal dieses in immer stärkerem Maße in innerweltlichen Befriedigungen gesucht wird (also nicht mehr, wie noch für den traditionsgeleiteten mittelalterlichen Menschen selbstverständlich, im Wohlgefallen und in der Gnade Gottes!), es behindert auch das Streben nach Identität, nach einer kohärenten, glaubhaften Antwort auf die Frage »Wer bin ich eigentlich?«.

Ich möchte in den folgenden Abschnitten nach Art einer zugegebenermaßen eher grob gewirkten Faustskizze einige der neuartigen Lebensschwierigkeiten skizzieren, mit denen der in seinem Charakter (wir könnten auch sagen: in seinem Wesen) immer stärker »außengeleitete« Mensch der Moderne so heftig zu kämpfen hat. Möglicherweise werden Sie darin einige Aspekte Ihres eigenen Daseins wiedererkennen!

Im nächsten Kapitel soll dann jene Instanz genauer untersucht werden, von der diese »Außensteuerung« (deren Ausmaß und Intensität ständig weiter wächst) heute praktisch ausgeübt wird: das »sekundäre System« der Großtechnologie, das sich zwischen den Menschen und seine Lebensgrundlagen geschoben hat und aus dieser Position heraus in zunehmendem Umfang seinen zerstörerischen Einfluss ausübt. Dieses System ist darin – wie überhaupt in vielerlei Hinsicht – jener odiösen »Matrix« ähnlich, die in drei Filmen der Gebrüder Laurence Wachowski (geboren 1965) und Andrew Wachowski (geboren 1967) die Hauptrolle spielt (»Matrix«, 1999, »Matrix reloaded«, 2003, und »Matrix Revolution«, ebenfalls 2003). Die Handlung dieser Filmreihe beginnt damit, dass der Programmierer Thomas Anderson, der sich als Hacker »Neo« nennt, den Anführer einer Untergrundbewegung namens »Morpheus« kennenlernt.

»Ich will dir sagen, wieso du hier bist«, sagt dieser Morpheus zu Neo: »Du bist hier, weil du etwas weißt. Etwas, das du nicht erklären kannst. Aber du fühlst es. Du fühlst es schon dein ganzes Leben lang, dass mit der Welt etwas nicht stimmt. Du weißt nicht was, aber es ist da. Wie ein Splitter in deinem Kopf, der dich verrückt macht. Dieses Gefühl hat dich zu mir geführt.«

Morpheus stellt Neo dann vor die Alternative, eine blaue oder eine rote Pille zu schlucken – entweder er entscheide sich dafür, sein Leben als Thomas A. Anderson fortzusetzen, oder dafür, dass der Untergrund-Aktivist ihn über die Matrix aufklärt. Neo wählt jene Pille – es ist die rote! –, mit der er die Wahrheit erkennen kann. »Er erwacht in einer für ihn bis dahin unvorstellbaren Realität: Bis auf wenige Überlebende und Befreite werden alle Menschen von intelligenten Maschinen in riesigen Zuchtanlagen gehalten und dort als lebende Energiequellen genutzt. Ihre Körper sind über Kabel an eine komplexe Computersimulation, die Matrix, angeschlossen, die ihnen eine Scheinrealität vorgaukelt. Die angeschlossenen Menschen halten die Simulation für das wirkliche Leben. Die Agenten, die Neo verfolgen, entpuppen sich als Programme zum Schutz der Matrix, die sich in menschlicher Gestalt innerhalb der Matrix mit übermenschlichen Fähigkeiten manifestieren. Laut Morpheus geriet Anfang des 21. Jahrhunderts die Entwicklung der Künstlichen Intelligenz außer Kontrolle. Die Menschen verdunkelten den Himmel, um den intelligenten und solarbetriebenen Maschinen die Energiequelle zu nehmen. Die Maschinen passten sich der Dunkelheit jedoch an und unterwarfen die Menschen, die sie seitdem zur Energiegewinnung züchten.«[22]

Diese düstere Vision ist möglicherweise nicht allzu weit von der heutigen Realität entfernt, auch wenn diese nicht so dramatisch wirken mag wie das auf visuelle Effekte ausgerichtete Filmszenario der beiden Wachowski-Brüder. Die »Matrix«, das »sekundäre System«, das uns bereits fest im Griff hält und unser Verhalten in immer stärkerem Maße steuert, funktioniert gewiss nicht so spektakulär, aber möglicherweise nicht minder nachhaltig – auch, was unser Identitätsgefühl betrifft.

## 2. Das Problem der Identität in der technokratischen Gesellschaft

Unsere Identität – oder sagen wir es treffender: unser Identitätsgefühl, also das Empfinden, auch bei wechselnden Lebensumständen dieselbe Person und »sich selber treu« geblieben zu sein – ist ja kein »Ding«, sondern eine relationale Qualität, ist eher ein fortwährender, sich in immer neuen Beziehungen entfaltender Prozess als ein einmal erreichter Zustand. So verstanden, setzt Identität die Abgrenzung von anderen (der Fachterminus dafür lautet »Alterität«) ebenso voraus wie die Veränderung, aber auch das in den wesentlichen Wesenszügen Unverändert-Bleiben über den Ablauf der Zeit hinweg: Ich fühle mich mit mir selbst identisch, weil ich immer noch der bin (aber andererseits eben auch nicht mehr derjenige bin), der ich noch vor fünf, zehn, zwanzig Jahren war.

Auch dieses Ringen um Identität gerät unter den Bedingungen des modernen Lebens zu einem immer schwierigeren Geschäft, das manchmal ein ruinöses Ende nimmt. Für diese Schwierigkeiten sind, soweit ich sehe, vor allem (aber gewiss nicht ausschließlich) drei Entwicklungslinien verantwortlich:

> Erstens schaltet der Mensch in immer vielfältigerer Art und Weise die Kunstwelt der Technik (und die von dieser erzeugte »virtuelle Realität«), das bereits erwähnte »sekundäre System« zwischen sich und die Natur, von der er sich auf diese Weise immer weiter und immer schneller entfernt (wie dieses »sekundäre System« in seinen Einzelheiten aussieht, soll im nächsten Kapitel noch eingehend betrachtet werden!). Der Gestaltwandel der Uhren – das Zeiterleben ist eine der wesentlichen Dimensionen des Identitätsstrebens – kann hierfür als Beispiel

dienen. Die Sanduhr lieferte eine unmittelbare Anschauung für das »Verrinnen« der Zeit; die Sonnenuhr machte schon dem bloßen Augenschein deutlich, inwiefern sie »nur die heit'ren Stunden« zählt; das runde Zifferblatt als Hintergrund der kreisförmigen Bewegung des Zeigers stellte ein recht genaues Abbild jener zyklischen Abläufe dar, die es repräsentieren sollte. Die moderne Digitaluhr indes, wie sie in jeden Computerbildschirm integriert ist, konfrontiert uns nur noch mit einem Stakkato, mit einem »Trommelfeuer« einzelner Zeitquanten, die jeden Bezug zu ihrer Umwelt verloren haben – ein passendes Gerät für Menschen, die einen großen Teil des Tages unter Kunstlicht arbeiten, also unter technisch konstant gehaltenen (»äquilibrierten«) Daseinsbedingungen, die Sommer und Winter, Tag und Nacht gleichförmig sind – jedenfalls, solange die Klimaanlage funktioniert. Der immer stärkeren Bindung an die Technik steht die Verminderung zwischenmenschlicher Kontakte gegenüber – mit der Fähigkeit, am Bildschirm Städte entstehen zu lassen und fremde Heere zu besiegen, geht oft genug eine reale Vereinsamung einher (mehr dazu im nächsten Kapitel).

Zweitens entfernt der sich in exponentiellem Wachstum vermehrende Bestand an Wissen, Überlieferungen, Traditionen, Weltbildern etc. mehr und mehr von der Aneignungskapazität unseres begrenzten Lebensspielraums. Wie eifrig wir auch lesen mögen, wie viele Fortbildungsveranstaltungen oder Internetforen wir auch besuchen mögen – die sich immer weiter beschleunigende und vermehrende Kulturproduktion enteilt unserer Fähigkeit, sich Wissen und Kenntnisse anzueignen. Niemand kann heutigen Tages alles gelesen haben, was jemals und irgendwo über, beispielsweise, den Begriff »Neurose« geschrieben worden ist. Selektive Aneignung, also immer stärkere Spezialisierung, ist in der Gegenwart eine Überlebensnotwendigkeit – niemand ist heute mehr »auf der Höhe der Zeit«.

Und drittens: Mit der relativen Einengung des uns möglichen Ausschnitts am zunehmend unübersichtlichen Vorrat an Wissen, Werten und Meinung geht der rapide Verlust von Bindungskraft einher, den die überkommenen Bindungsträger – die Soziologen sprechen bisweilen auch von »Reservoiren der Sinnstiftung« – erlitten haben und auch noch weiter erleiden: »Weder die Religion, noch die Ideologien, noch die Ideen der Familie, des Berufs, der Nation oder des Volkes, ja nicht einmal die Verfassung stabilisieren die innerkulturelle Identität. Auch sie muten in der Rasanz der Kulturproduktion hoffnungslos veraltet an.«[23] Die viel beschworene »Renaissance des Glaubens« wirkt angesichts der Wucht der Fakten eher wie ein hilfloser, nicht wie ein erfolgreicher Versuch, sich wieder auf den Boden fester Sinngebung stellen zu wollen. Die Tatsache, wie rasch in einer individuellen Biographie die Weltanschauungen einander ablösen können, mag hinreichend verdeutlichen, wie sehr die frühere fraglose Gewissheit der modernen Beliebigkeit gewichen ist. Es gibt in der pluralistischen Gegenwartsgesellschaft, so ein berühmtes Bonmot, »nur noch einen Konsens, nämlich den, dass es keinen Konsens mehr gibt«. Hier dürfte ein gesellschaftliches Entwicklungsstadium erreicht sein, hinter das das menschliche Zusammenleben – man mag dies begrüßen oder bedauern – nie mehr zurückfallen kann. Prosaisch ausgedrückt: Ist die Zahnpasta erst einmal aus der Tube herausgedrückt, lässt sie sich nicht mehr nach innen befördern.

Das Ringen um Identität ist also zu einem immer schwierigeren Unterfangen geworden. Die Vervielfachung der Identitätsmöglichkeiten – der ja auch große Chancen innewohnen – ist zu einer bisweilen schwer drückenden Last geraten, die wir oft genug sehr alleine zu tragen haben. Als psychotherapeutisch tätiger Arzt weiß ich nur zu gut, wie schmerzlich zum Beispiel die äußerst heftig quälende Auseinandersetzung mit ihrem »ungelebten Leben« für viele Menschen heute sein kann. Denn die soeben skizzierte Entwicklung führt immer öfter dazu, dass etliche Menschen sich nur noch schwer aus dem Bannkreis der Vergangenheit lösen können (»Ich kann es mir einfach nicht verzeihen, dass ich damals diese Möglichkeit verpasst habe ...«). Damit steigt gewissermaßen auch das »biographische Risiko«, und ob unser Identitätsstreben dem erfolgreich entgegenwirken kann, ist keinesfalls ausgemacht. Jedenfalls lässt uns, es sei noch einmal betont, die wachsende Fülle an Möglichkeiten der Lebensgestaltung nicht unbedingt glücklicher durchs Leben gehen. Manchmal führt sie sogar zur Weltflucht, oder besser gesagt: zu einer Flucht aus der realen Welt in eine andere: die virtuelle. Die Formen, die dieses moderne Eremitentum annehmen kann, das nicht mehr, wie seine Vorläufer, die Abgeschiedenheit in der Natur sucht, sind äußerst vielfältig – und zumindest eine davon ist eine nähere Betrachtung wert.

## 3. Der Trend zum modernen Einsiedlertum und andere neuartige Leiden

Aus den bereits genannten Gründen möchte ich mich nun den seelischen Risiken widmen, die mit der modernen Lebensgestaltung einhergehen und die wir im ersten Kapitel in einer noch recht groben Faustskizze schon umrissen haben. Wie sehen denn »die neuen Leiden« der (bedrohten) Seele aus, von denen zum Beispiel die dort zitierte Französin Julia Kristeva gesprochen hat?

Ich möchte mit dem folgenden Fallbeispiel beginnen:

In unserer psychosomatischen Fachklinik im Allgäu hat sich Peter W. vorgestellt, ein junger Mann von 25 Jahren. Der Sohn einer Anwaltsfamilie gilt als hochbegabt; nach dem Abitur mit exzellentem Notendurchschnitt hat er ein Medizinstudium begonnen und auch in der üblichen Zeit fast zu Ende geführt. Fast: Denn kurz vor den letzten Examina beginnt der Student P. W. sich immer mehr und immer länger in sein Zimmer im Elternhaus zurückzuziehen. Er geht kaum noch nach draußen, spielt exzessiv Computer und surft im Internet; auch die Bestellung von Waren und Büchern sowie die nötigen Bankgeschäfte werden online erledigt. Nur noch äußerst selten nimmt er persönlichen Kontakt zu Freunden oder anderen Menschen auf. Dies geht mehrere Monate so – bis die besorgten Eltern einen Arzt alarmieren.

In Deutschland wird ein solches Verhalten meist als »soziale Phobie« klassifiziert; in der Notwendigkeit, nach dem Abschluss des Studiums berufliche Verantwortung übernehmen zu müssen, könnte man im Fall Peter W. das auslösende Moment erblicken. Und in der Biographie dieses Patienten (er ist ein Einzelkind) lassen sich vermutlich auch etliche prädisponierende Faktoren erkennen, so etwa eine Elternbeziehung, die von materieller Verwöhnung, aber emotionaler Kälte geprägt ist. Wie dem auch immer sein mag, das »phobische Element« scheint freilich eher schwach ausgeprägt zu sein. Denn dieser junge Mann wird nicht von Angst oder gar Panik gequält, wenn er – beispielsweise – im voll besetzten Omnibus fahren muss oder eine überfüllte Kneipe betreten soll. Es fehlen auch die vegetativen Begleitumstände einer solchen Phobie, wie Schwitzen, Zittern und »Herzrasen«. Peter W. hat einfach keine Lust, nach draußen zu gehen. Daheim, vor dem Bildschirm, die ins Haus gelieferte Pizza auf dem Tisch, fühlt er sich, wie es scheint, deutlich besser. Warum also das »Hotel Mama« verlassen und sich hinaus in die große weite Welt wagen, die offenbar nur wenig zu bieten hat?

Nun ist eine Tendenz zu verstärkter »Nesthockerei« in der Gegenwartsgesellschaft nicht eben neu und auch schon vielfach beschrieben worden. Das Buch »Hotel Mama« (Untertitel: »Warum erwachsene Kinder heute nicht mehr ausziehen«) von Elke Herms-Bohnhoff ist seit seinem Erscheinen im Jahr 1991 ein Bestseller, dessen Titel oft und gerne zitiert wird. Vom »Cocooning« hat die »Trendforscherin« Faith Popcorn (eigentlich Faith Plotkin, geboren 1948) schon vor Jahren gesprochen, vom (wachsenden) Drang, sich in ein abgegrenztes eigenes »Gehäuse« einzuspinnen, vom »Cosy home« ist ebenfalls häufig die Rede. In Japan indessen hat man für ein Verhalten wie das des oben geschilderten Studenten P. W. einen eigenen Namen geprägt. Man spricht dort nämlich vom *Hikkiko-mori-Syndrom.*

Das japanische Wort »Hikkikomori« bedeutet wörtlich etwa so viel wie »sich einschließen« oder »eingegrenzt sein«. Es wird in übertragenem Sinn für »akute soziale Verweigerung« verwendet und bezeichnet sowohl das Phänomen wie die Person. Zur Kennzeichnung einer behandlungsbedürftigen psychischen Störung wurde es in den Neunzigerjahren erstmals von dem Psychologen Tamaki

Saito (geboren 1961) benutzt, der seinerzeit von einer Million Betroffener gesprochen hatte, was einem Prozent der japanischen Bevölkerung entsprechen würde! Später gab der japanische Wissenschaftler freilich zu, eine stark überhöhte Zahlenangabe veröffentlicht zu haben, um die Aufmerksamkeit der Öffentlichkeit auf dieses neue Phänomen zu lenken. Heute geht man in Japan von zehn- bis zwanzigtausend Hikkikomori aus. Zur Definition des Krankheitsbildes gehört ein häuslicher Rückzug von mindestens sechs Monaten Dauer. Die Betroffenen sind überwiegend männlich, meist das älteste von mehreren Kindern und im Durchschnitt 26 Jahre alt.

Was mögen die Ursachen dieser modernen Einsiedelei sein? Häufig wird die japanische Kultur mit ihrer großen Angst vor »Gesichtsverlust«, vor dem Verlust der sozialen Geltung und Stellung in Verbindung mit der Entstehung dieses neuartigen Syndroms gebracht. Immerhin gibt es in Japan Tausende von Männern, die ihre Tage im Stadtpark oder im Museum verbringen, weil sie Angst davor haben, ihren Familien mitzuteilen, dass sie arbeitslos geworden sind – in der Novelle »Tod im Hochsommer« des rechtsradikalen, im November 1970 durch eine rituelle Selbsttötung (»Seppuku«) gestorbenen Dichters Yukio Mishima (geboren 1925) wird berichtet, wie der junge Vater Masaru vom Tod seiner beiden Kinder erfährt: »Ihm war, als hätte er soeben aus unbekannten Gründen seine Kündigung erhalten …«! Schon 1947 hatte die Anthropologin Ruth Benedict (1887–1948) in ihrem berühmten Buch »The Chrysanthemum and the Sword« der westlichen »Schuldkultur« die japanische »Schamkultur« gegenübergestellt. Auch das nach unseren Maßstäben überharte, wenn nicht gar erbarmungslose japanische Schul- und Erziehungssystem wird in diesem Zusammenhang häufig genannt – Umstände, die der US-Journalist Michael Zielenzinger (geboren 1955) in seinem leider noch nicht ins Deutsche übersetzten Buch »Shutting Out the Sun: How Japan Created its Own Lost

Generation« (2006) ausführlich geschildert hat. Zielenzinger selbst vermutet eine Nähe des Hikkikomori-Syndroms zu der im Westen verbreiteten »Posttraumatischen Belastungsstörung (PTBS)«; allerdings sind derartige Hypothesen recht spekulativ und bislang keineswegs durch harte Fakten abgesichert.

Aus den hier sehr gerafft geschilderten Gründen mochte es zunächst scheinen, als sei der extreme soziale Rückzug (manche Hikkikomori verbringen mehrere Jahre in ihrer selbst gewählten Isolation!) ein hausgemachtes japanisches Binnenproblem. Doch schon bald wurde aus Südkorea, Taiwan und China von ähnlichen Vorkommnissen berichtet. Als der britische Sender BBC im Jahre 2002 einen Film zum Thema »Hikkikomori« ausstrahlte (»The Missing Million«), meldeten sich auf der BBC-Homepage etliche Fernsehzuschauer, die berichteten, sie hätten persönliche Erfahrungen mit diesem Syndrom, das sich ihrer Meinung nach keineswegs auf Ostasien beschränke. Drei Jahre später, 2005, schilderte der arabische Psychiater Samir Al-Awadi von der Sultan-Qaboos-Universität in Maskat/Oman im »International Journal of Psychiatry in Medicine« den Fall des in Al-Awadis eigenem Heimatland lebenden 24-jährigen S., der seit fünf Jahren (!) sein Zimmer nicht mehr verlassen habe, und attestierte diesem Kranken ein Hikkikomori-Syndrom.

In Deutschland haben sich bisher weder Wissenschaft, noch Populärwissenschaft, noch Medien ausführlich mit dem neuen Phänomen befasst (ein kurzer Artikel ist in Heft 6/2006 der Zeitschrift »Gehirn & Geist« erschienen). In Internet-Foren indes taucht der Begriff durchaus auf, und etliche Chatter bezeichnen sich selbst als Hikkikomoris – ob zu Recht oder aus modischem Imponiergehabe, muss dahingestellt bleiben. Ob sich hier tatsächlich eine neue Epidemie abweichenden Verhaltens entwickelt, kann deshalb nur schwer beurteilt werden; Wachsamkeit scheint indes durchaus geboten. Ein einigermaßen objektiver Überblick ist schon deshalb schwierig, weil dem Hikkikomori oft der Leidensdruck fehlt – er fühlt sich nicht krank, er hat bloß keine Lust auf die kranke Welt »da draußen« … Nach herkömmlichen psychiatrischen Kriterien liegt bei einem solchen Verhalten weder eine Selbst- noch eine Fremdgefährdung vor, zumal nach deutscher Rechtsprechung das Recht auf Selbstbestimmung die potentielle Selbstschädigung mit umfasst. Schwierigkeiten entstehen für den Hikkikomori schon eher durch Dritte, durch Wohnungseigentümer, besorgte Eltern oder die Freundin, die das Eremitendasein schon nach kurzer Zeit nicht mehr hat mitmachen wollen. Diese Umstände behindern auch eine etwaige Therapie, denn der Veränderungswille des modernen Eremiten ist in aller Regel ziemlich gering. Andererseits: Dass es beim Hikkikomori-Syndrom oft eine Vergesellschaftung mit anderen Krankheiten gibt, wie etwa Fettleibigkeit, liegt auf der Hand. Auch das macht die Behandlung eher schwierig.

Beim oben erwähnten Peter W. war dies zum Glück anders. Er versprach sich eben doch noch einiges von der Welt außerhalb seines Zimmers im Elternhaus: Es war wohl der Wunsch, eine Partnerin zu finden, der ihn nach draußen und in die Therapie gelockt hatte. So konnte er nach neun Wochen stationärer Behandlung aus der Klinik entlassen werden – gewillt, das eigene Leben aktiv zu gestalten. Ob es sich dabei um eine nachhaltige Veränderung handelt, lässt sich nicht sicher entscheiden. Sicher scheint mir indes, dass er nicht der letzte Patient mit einem Hikkikomori-Syndrom gewesen ist, dem ich begegnen werde.

Es gibt aber noch andere »Fälle«, in denen sich überdeutlich offenbart, wie die Moderne mit ihrer Fülle an technologischen Möglichkeiten und ihrer gleichzeitigen Erschwernis für die Identitätsfindung neue Formen seelischen Leidens schafft:

Da wäre zum Beispiel Frau A., eine junge Medizinstudentin,

heftig geplagt von Schlafstörungen, Konzentrationsschwierigkeiten und Prüfungsangst. Als sie über ihre Kindheit und Jugend erzählt, berichtet sie, mit den Tränen kämpfend, sie habe erst mit 18 Jahren erfahren, dass sie nicht das leibliche Kind des Mannes sei, der mit ihrer Mutter zusammenlebt und den sie zuvor stets als ihren Vater betrachtet habe. Sie sei zwar Tochter dieser Frau, aber durch eine anonyme Samenspende gezeugt worden. Seit sie das wisse, leide sie unter einem quälenden Zwangssymptom: Sie müsse alle Männer, denen sie neu begegne, danach taxieren, ob sie als jener Samenspender in Frage kommen könnten. Falls ja, was natürlich recht oft der Fall sei, leide sie unter dem Nichtwissen, ob oder ob nicht, werde häufig gepeinigt von der Vorstellung, auch dieser Unsympath dort drüben könne ja ihr Vater sein ... >>>

Ein zweites Beispiel: Die Patientin Frau B. trauert, wie viele Gegenwartsmenschen, einem Stück »ungelebten Lebens« nach, das freilich erst durch den medizinisch-technischen »Fortschritt« sein besonderes Gepräge erhält. Ihr Partner ist vor Kurzem an einer sehr rasch verlaufenen Krebserkrankung verstorben. Kurz vor seinem Tod hatten beide daran gedacht, ob Frau B. nicht einige Zeit später mit seinem zunächst eingefrorenen Samen ein gemeinsames Kind austragen könne, hatten diesen Plan dann aber verworfen. Heute leidet die Patientin unter dieser, wie sie meint, leichtfertig verpassten und jetzt unwiederbringlichen Gelegenheit.

Diese drei hier in unterschiedlicher Ausführlichkeit geschilderten »Fall«-Vignetten machen – so hoffe ich jedenfalls – als Ensemble eines deutlich: Gerade durch die Vielfalt an wissenschaftlich-technischen Möglichkeiten (diese hier diskutiert an verschiedenen Formen der Insemination) ermöglicht die Gegenwartsgesellschaft auch seelisches Leid, das es in dieser Form und Gestalt vor hundert Jahren, etwa zu Lebzeiten Sigmund Freuds (1856–1939) nicht ge-

Es geht aber durchaus noch komplizierter: Am 25. Juli 2008 berichtete das deutsche Ärzteblatt von dem 34-jährigen Thomas Beatie aus dem US-Bundesstaat Oregon, der mittlerweile von einer gesunden Tochter entbunden worden ist. Beatie war als Frau geboren worden, hatte sich jedoch in seinem weiblichen Körper nicht wohlgefühlt, sich einer »Geschlechtsumwandlung« unterzogen, seinen Uterus aber behalten. Dies erwies sich von Vorteil, als er wenig später heiratete, sich aber herausstellte, dass seine Frau keine Kinder bekommen kann. So ließ sich der »Vater« durch donogene Insemination – also durch eine anonyme Samenspende – befruchten, trug das Kind aus und brachte es zur Welt. Über die späteren seelischen Probleme der von ihrem Vater geborenen Tochter kann einstweilen nur spekuliert werden.

geben hat. Und diese neuen Möglichkeiten des sozialen Seins machen, wie ich in diesem Buch zu zeigen hoffe, eben auch neue Formen des Leidens möglich.

Häufig wird dabei eine große »innere Leere« beklagt (so etwa schon in Christopher Laschs Bestseller »Das Zeitalter des Narzissmus« aus dem Jahr 1979, deutsch 1982, oder in Erich Fromms nicht minder berühmtem Buch »Haben oder Sein«, 1976). Man könnte diese immer wieder konstatierte innere Leere vieler moderner Menschen meiner Ansicht nach durch eine Art Evakuierung erklären: Es entsteht durch eine Art kulturellen Sog ein »Hohlraum« im Selbst, und zwar just eben dort, wo früher Subtilisierung, Sublimierung und andere Ich-Leistungen möglich gewesen sind. Denn die Gegenwartsrealität betreibt ja nicht nur die schon von Ulrich Beck beklagte »Enteignung der Sinne«, sie entwertet auch traditionelle »Ich-Leistungen« wie Affektkontrolle, Triebverzicht und Selbstdisziplin, die beim Aufstieg des europäischen Bürgertums eine herausragende Rolle gespielt haben. Die oben schon mehrfach geschilderte Ent-Sublimierung (wie sie zum Beispiel der Journalist Alex Rühle am eigenen Leib erlebt hat und in seinem Buch mit treffenden Worten schildert!) ist ja nur ein Teil eines umfassenden Prozesses. Man kann es auch noch anders in Worte fassen: Die Kultur der Moderne und der technokratischen Multioptionsgesellschaft – das »sekundäre System« – wirkt gerade durch die Überfülle an Angeboten und Stimuli wie eine gigantische Vakuum-Pumpe, ein »Exhauster«, der durch seinen Sog unsere innere Stabilisierung durch traditionelle »Ich-Leistungen« aus ihrer Balance wirbelt. Und wenn diese Stabilisierungsvorgänge nicht mehr oder nur noch unzureichend funktionieren, wird es äußeren Instanzen leicht gemacht, die Kontrolle über unser inneres Leben zu übernehmen.

Eines scheint mir jedenfalls sicher: Die zunehmende Tendenz zum Hikkikomori-Syndrom und zu anderen Formen des modernen

Eremitentums und der Einsiedelei, auf die ich in diesem Kapitel hingewiesen habe, dürfte wohl nur die Spitze des berühmt-berüchtigten Eisberges sein.

Dazu noch zwei aktuelle Anmerkungen: Nach meinem Eindruck nimmt auch in Deutschland immer häufiger ein klinisches Erscheinungsbild zu, das ich – zumindest vorläufig – das »Syndrom seelischer Stagnation« (»Triple-S«) nennen möchte. Es ist gekennzeichnet durch:

> eine allgemeine Adynamie (Kraftlosigkeit), die sich vorrangig verwirklicht in der Unwilligkeit und/oder Unfähigkeit, die eigene Lebensgestaltung angemessen zu organisieren – bei mehr oder minder deutlicher Tendenz zur allgemeinen Verwahrlosung;

> eine freiwillig gewählte, tendenziell wachsende Abhängigkeit von versorgenden Institutionen oder Personen – insbesondere von den Eltern;

> eine suchtartige oder suchtähnliche Tendenz zum exzessiven Aufenthalt in virtuellen Welten (Computerspiele, »soziale« Netzwerke etc.);

> eine oft sehr weitgehende Abkoppelung vom sozial üblichen Tag-Nacht-Rhythmus.

Diese Form des modernen Eremitentums ist sicher auch – wenngleich wohl nicht nur – eine Form der Reaktion auf die immer stärkere soziale Überforderung, wie ich sie oben umrissen habe.

Und noch etwas anderes beunruhigt mich sehr: Seit Jahren habe ich den Eindruck, dass Schlaganfälle bei immer jüngeren Patienten immer häufiger werden. Eine unlängst erschienene Studie des Centers for Diseases Control (CDC) in Atlanta/USA, für die die Daten von acht Millionen Patienten aus den Jahren 1995 bis 2008 ausgewertet worden waren, belegt es eindeutig: Die Anzahl der Schlaganfall-Patienten in den USA ist in der Altersgruppe zwischen 15 und 44 Jahren seit 1994 um 37 Prozent gestiegen (wobei der Anstieg bei Männern deutlich höher ausfiel als bei Frauen). Die Forscher führen dies in erster Linie auf die Zunahme der bekannten Risikofaktoren (Fettleibigkeit, Diabetes, Bewegungsmangel, Fehlernährung, Nikotinabusus) zurück. Ich frage mich allerdings, ob diese Erklärung ausreicht – oder ob nicht die exzessive Übernutzung unseres Gehirns (dem ja immer weniger Erholungsphasen der Ruhe, Muße und Stille zugebilligt werden) nicht auch zu den relevanten Risikofaktoren gehört. Es übersteigt meine Möglichkeiten, dieser Frage systematisch nachzugehen – und wie groß das gesellschaftliche Interesse an einer Klärung der Sachlage ist, mag dahingestellt bleiben. Immerhin, die Frage steht im Raum. Und sie mag deutlich machen, dass es genug Anlass zur Beunruhigung gibt.

# 4. Erosion der Privatsphäre und Pseudo-Intimität

Im Jahr 2004, als ich an der Universität Innsbruck eine Vorlesung über das Thema »Freundschaft« hielt, machte mich ein Student auf eine Nachricht aufmerksam, die am 13. September jenes Jahres im Internet veröffentlicht worden war:

»Der gebürtige Grieche Georg Zampounidis, Moderator beim Berliner Privatsender 94'3, stellte sich die Frage, ob es in der Single-Hauptstadt Berlin tatsächlich Menschen gibt, die bereit sind, sich eine Freundschaft offensichtlich zu erkaufen, um ihrem Alleinsein zu entfliehen. Um dies zu ergründen, startete der 37-Jährige einen Selbstversuch und bot seine Freundschaft bei eBay an. Und tatsächlich: Binnen sieben Tagen gingen 41 Gebote ein. Das Höchstgebot lag am Ende bei 755 Euro. Ein Betrag, den Zampounidis in einer ersten Stellungnahme gar nicht glauben konnte. ›Es ist schon unglaublich, dass jemand bereit ist, für meine Freundschaft 755 Euro zu zahlen!‹ Der Radiomann wird in den kommenden Tagen seine versteigerte Freundschaft einlösen: Einen Monat Freundschaftsdienst inklusive ausführlicher Gespräche (›sich mal so richtig ausquatschen‹), ständigem SMS- und E-Mail-Kontakt und zusammen durchfeierte Nächte beispielsweise im Berliner Club Adagio sind dem Höchstbieter Werner H. nun garantiert. Das ersteigerte Geld spendet der Radiomoderator dem Deutschen Kinderhilfswerk und wartet nun gespannt, wie der Erstkontakt zu seinem neuen ›Freund‹ ablaufen wird ...«[24]

Noch spannender ist freilich die Frage, wie es mit der Beziehung zwischen Georg Zampounidis und Werner H. nach dem ersteigerten »Freundschaftsmonat« weitergegangen ist – aber darüber war leider nichts in Erfahrung zu bringen ...

Freilich werden mittlerweile – und das soll heißen: sieben Jahre später – die meisten Internet-Nutzer Freundschaft nicht bei »eBay« zu ersteigern suchen; vielmehr hoffen sie wohl, sie bei »Facebook« oder bei anderen, bezeichnenderweise als »soziales Netzwerk« etikettierten Diensten zu finden. Dies oft mit verheerenden Folgen. »In dem Bemühen, locker und aufgeschlossen zu sein, verwechselt man Bekanntschaft mit Freundschaft«, schreibt Martin Simons in seinem lesenswerten Buch über den »Zauber des Privaten«, »und gestattet eben noch Fremden weitgehend, ins eigene Privatleben einzudringen.«[25] Dass dies gefährliche Folgen haben kann, ist offensichtlich – aber auch eine schleichende Erosion der privaten Schutzräume zählt zu den Konsequenzen dieser Entwicklung, bei der die Vielfalt der Kontakte exponentiell vermehrt wird, aber die meisten dieser Kontakte ohne Beziehung, vor allem aber ohne Emotionen gestaltet werden. Simons spricht treffend von einer »allgemeinen Verkameradschaftung«, vom Verschwimmen der verschiedenen Freundschaftsgrade und -stufen, die unterschiedslos in eine undifferenzierte Nähe des »Miteinander-gut-drauf-Seins« überführt werden. Es sei daher häufig zu beobachten, dass vermeintlich enge Freundschaften, die gleichsam über Nacht (und oft in der virtuellen Realität der sozialen Netzwerke) entstanden sind, ebenso schnell wieder zerbrechen – sie halten plötzlichen Konflikten nicht stand. »Ohne Krisen, die man gemeinsam meistert, entsteht nicht jenes Vertrauen, das aus Fremden Freunde macht«.[26] In der virtuellen Welt lässt sich schnell Nähe herstellen – die dann aber möglicherweise an der unerbittlichen Bewährungsprobe der Realität scheitert, wie sie in Daniel Glattauers Roman »Gut gegen Nordwind«[27] genial geschildert wird …

In sozialen Netzwerken wie »Facebook« kann man die Zahl der Menschen, die dort als »Freunde« registriert sind, quantitativ exakt beziffern – und sich gegebenenfalls mit einer hohen Zahl brüsten (derzeit kommt eine junge Frau zu mir in Therapie, die viel Zeit darauf verwendet, immer wieder nachzuforschen, wie viel Freunde für ihren »Ex« in »Facebook« genannt werden, und wie viele bei ihr selber – in meinen Augen ein ziemlich sinnloser und absurder Wettkampf …).

Die modernen Massenmedien, insbesondere das Internet, bieten uns gewiss auch die Möglichkeit, unseren Kontakt mit der Umwelt in sinnvoller Weise zu differenzieren – jedenfalls dann, wenn wir von dieser Möglichkeit in überlegter Weise Gebrauch machen. Ich fürchte aber, dass diese Vorteile (die ich persönlich ja durchaus nutze: ich lebe nicht »offline«!) von einer Fülle von Neben- und Schadwirkungen in den Schatten gestellt werden. Noch nie zuvor war es möglich, in so kurzer Zeit so viele Adressaten mit irgendwelchen, meist recht belanglosen Nachrichten zu erreichen, noch nie zuvor konnte auch das wirreste Gedankengut (etwa das 1500-Seiten-Manifest des norwegischen Massenmörders Anders Behring Breivik) derart rasch und problemlos eine Plattform, ein Forum, gegebenenfalls auch ein öffentliches Echo finden – dies insbesondere dann, wenn seine »Bedeutung« durch einen akribisch inszenierten Massenmord zielstrebig unterstrichen wird. Es wird immer leichter, Botschaften zu anonymisieren und vor allem, sie – auch, ja gerade im sogenannten privaten Verkehr, und zwar auch da, wo er nicht über »Facebook« stattfindet – nahezu völlig von allen Affekten und Emotionen[28] zu trennen. So kann man heute mit Tausenden von Menschen in eine formale, durch Maschinen vermittelte Beziehung treten, ohne auch nur mit einem von ihnen eine emotionale Beziehung aufzunehmen; größer könnte der Kontrast kaum sein zu jenen Zigtausenden Jahren der Steinzeit, die unser »Seelenleben« geprägt haben (oder anders ausgedrückt: in denen wir zu dem wurden, was wir heute sind …) und in denen wir unentrinnbar und in ständigem emotionalen Austausch mit anderen in Gruppen und Horden von maximal hundertzwanzig Exemplaren der Spezies Homo sapiens zusammenleben und miteinander auskommen mussten, auf »Gedeih und Verderb« ...

Heute ist der Kontakt zwischen Mensch und Mensch meist nicht mehr unmittelbar durch die Sinne, sondern durch zwischengeschaltete Apparate vermittelt – wie schon erwähnt, gestattet diese Entwicklung, die Fülle und die Art der Kontakte in äußerst vielfältiger Weise zu gestalten (und zu manipulieren), aber dies geschieht um den Preis einer radikalen Entsinnlichung. Durch die neuen Medien kann ich mit der halben Welt kommunizieren, ohne zu einem einzigen Menschen eine persönliche Beziehung aufzubauen – deshalb bieten diese Medien ein ideales Forum für Nähe-ängstliche Menschen aller Art, die hier gewissermaßen aus ihrer Not eine Tugend machen können, wie der Hikkikomori, der von seinem Schreibtisch aus E-Mails in aller Herren Länder verschickt, obschon er seit einem Jahr die eigene Behausung nicht mehr verlassen hat.

Auch für unsere Beziehungswelt trifft deshalb immer öfter zu, was der Psychoanalytiker Wolfgang Schmidbauer schon vor Jahren als ein Grunddilemma des modernen Menschen erachtete: »Das Leben ist öde, aber die Filme sind spannend.«[29]

# 5. Moralische Verwahrlosung und steigende Gewaltbereitschaft

Dem als »Kannibale von Rotenburg« bekannt gewordenen, im Jahr 2004 wegen »Lustmordes« rechtskräftig verurteilten Straftäter Armin M. hatten sich – so gab der Fahnder Wolfgang Buch vom Hessischen Landeskriminalamt im Januar 2004 beim Prozess gegen diesen Chatter in höchst eigener Art zu Protokoll – im Internet 204 (*zweihundertvier!*) Personen als Opfer für seine im Jahr 2001 verübte Tat angeboten. Nicht bei allen habe die Identität ermittelt werden können. 29 Personen hatten angegeben, ähnliche Taten wie Armin M. zu planen oder bereits begangen zu haben. Die Kriminalpolizei hatte bei ihren Ermittlungen 16 Computer und 2000 Datenträger ausgewertet.[30]

Die Jugendlichen Robert St., Bastian B. und Tim K. haben in den Jahren 2002, 2006 und 2009 Attentate auf Schulen in Erfurt, Emsdetten und Winnenden verübt – in Erfurt hatte der Attentäter dabei achtzehn Menschen getötet, in Emsdetten, vier Jahre später, wurde nur mit viel Glück ein ähnliches Blutbad verhindert; die Polizei zählte damals außer dem toten Attentäter »nur« 33 Verletzte. Im baden-württembergischen Winnenden hatte Tim K. am 2. März 2009 insgesamt 112 Schüsse abgegeben, mit denen er 15 andere Menschen und schließlich sich selber tötete. Die drei Jugendlichen waren nicht bloß exzessive User bestimmter Computerspiele (bei Robert St. und Bastian B. handelte es sich dabei vor allem um das berüchtigte »CS« = »Counter-Strike«), Bastian B., bei seinem Freitod 18 Jahre alt, hatte seine Tat im Internet angekündigt und Bilder ins Netz gestellt, die ihn selbst als schwer bewaffneten Kämpfer zeigten. Eben dies hatte in Norwegen auch Anders Behring Breivik (geboren 1979) getan, bevor er am 23. Juli 2011 mit selbst hergestelltem Sprengstoff und einem Schnellfeuergewehr 77 Menschen tötete …

Solche Ereignisse rufen immer wieder viele (oft selbst ernannte) Experten auf den Plan, die das von den meisten Mitmenschen empfundene, sehr quälende Gefühlsgemisch aus Ohnmacht, Hilflosigkeit und Trauer mit allerlei meist vorschnellen Ratschlägen »niederbügeln«. Wie bei einem Feuerwerk sind all diese Gedankenblitze rasch verraucht, und es herrscht wieder ein unbehagliches Schweigen – bis zum nächsten schrecklichen Vorfall. Dann allerdings beginnt das Karussell sich abermals zu drehen.

Deshalb scheint es mir sinnvoll, zunächst einmal von einer wenig spektakulären Straftat zu berichten: Am 20. Dezember 2006 hat die zehnte Große Strafkammer am Landgericht Osnabrück ihr Urteil im sogenannten »Autodialer-Prozess« verkündet: Edward B. aus Riga in Lettland wurde zu vier, Jörg H. aus Meerbusch in Nordrhein-Westfalen zu drei Jahren Haft verurteilt. Die Männer hatten – was das Gericht für erwiesen hielt – durch den Einsatz sogenannter Autodialer in den Jahren 2002 und 2003 bundesweit mehr als zwölf Millionen Euro ergaunert. Demnach sollen sie diese illegalen Programme zunächst entwickelt und dann über Erotik-Seiten im Internet an ahnungslose User verbreitet haben. Durch technische Manipulation hätten sich die Dialer selbstständig auf den Rechnern installiert. Unbemerkt seien anschließend die aktuellen Online-Verbindungen getrennt und die neue Einwahl über kostenintensive 0190-Nummern vorgenommen worden. Zu ihrer Verteidigung hatten die Angeklagten geltend gemacht, sie hätten es sich nicht vorstellen können, dass »wirkliche Menschen« an den von ihnen manipulierten Computern gesessen hätten.

»Keine wirklichen Menschen«? Aufgeschreckt durch den Massenmord in Winnenden im Jahr 2009 kam mir seinerzeit ein Artikel wieder in den Sinn, den der US-Psychiater Itzhak Fried bereits zwölf Jahre zuvor, 1997, in der wohl bekanntesten medizinischen Fachzeitschrift der Welt, im Lancet, veröffentlicht hat. Frieds Artikel, damals in der Rubrik »Hypothesis« abgedruckt, ist zwei Jahre vor dem berüchtigten, durch zwei Schüler verübten Massaker in Littleton/Colorado (20. April 1999) niedergeschrieben worden. Die beiden jugendlichen Täter kamen vom Bowling, als sie, massiv bewaffnet, in der Columbine-High-School zwölf Menschen töteten. Es war dies eben jener Massenmord, der den Autor und Regisseur Michael Moore (geboren 1954) zu seinem oscar-prämierten Dokumentarfilm »Bowling for Columbine« inspiriert hat. Seither hat es in den USA, aber eben auch in Deutschland – wie oben bereits berichtet – eine ganze Reihe von derartigen Mordtaten gegeben, für die Fried 1997 quasi vorab ein psychopathologisches Szenario entworfen hatte. Charakteristisch für dieses »Syndrom« sind in Frieds Augen die mehrfach wiederholten Gewaltakte: »Die Täter engagieren sich in der stereotypen Wiederholung aggressiver Akte, charakterisiert durch den Zwang, möglichst keines der Opfer zu schonen.« Fried sieht diese Verhaltensweise kombiniert mit massiven Zwangsideen (zum Beispiel obsessiven Vorurteilen gegen Minderheiten), verminderter affektiver Schwingungsfähigkeit (zum Beispiel der blockierten Fähigkeit zu Mitleid und Empathie) bei Übererregung (für die er das deutsche Wort »Rausch« verwendet) – und all das bei vollkommen intaktem Sprachvermögen, Gedächtnis und der Fähigkeit zur Problembewältigung. Anders Behring Breivik, der Massenmörder von Oslo, wäre ein hervorragendes Beispiel für diesen »Tätertyp«.

Nach eigenen Angaben dachte Fried 1997 indes vor allem an den Massenmord an den Armeniern 1915/16, an die nationalsozialistischen Gewaltverbrechen, an die »killing fields« von Kambodscha und den Völkermord in Ruanda; die Vielzahl von Einzeltätern, die seit 1997 praktiziert haben, was man in den USA heute »rampage killing«, »Mord im Scheinwerferlicht«, nennt, war ihm bei der Abfassung seiner Studie noch nicht bekannt gewesen, illustrieren diese aber in äußerst eindrücklicher Weise. Gerade deshalb wirkt es heute doppelt bedrückend, wenn er den »wichtigsten Risikofaktor« für das von ihm als »Syndrome E« bezeichnete gewalttätige Verhalten beim Namen nennt: Männliches Geschlecht, Alter zwischen 15 und 50 Jahren – Faktoren, die *eben nicht* nur auf Kriegsschauplätzen, sondern auch in den sogenannten Friedenszeiten einer Zivilgesellschaft eine bedeutsame Rolle spielen, wie sich von Littleton 1999 bis Winnenden 2009 – fast auf den Tag genau zehn Jahre später! – und bis Oslo 2011 bewahrheitet hat. Für die von Fried genannten hirnphysiologischen Befunde, besonders für die Unterbrechung »normaler« Kommunikation zwischen Mandelkern (Amygdala) und Großhirnrinde bei den kühl planenden Gewalttätern, liegt heute eine Fülle ergänzender Befunde vor; sie stützen Frieds Vermutung, dass es sich bei derartigen Gewalttaten eben nicht um die Realisierung ungebremster Impulse aus »primitiven« Hirnregionen handelt. Dies schon deshalb, weil – so betonte es bereits Fried 1997 – derartigen Manifestationen längere Lernprozesse vorausgehen, in denen sich das Verhältnis des späteren Täters zu seinen späteren Opfern heranbildet – eben jenes Verhältnis, das von mitleidloser Effektivität gekennzeichnet ist. Besonders erschreckend sind, jedenfalls für mich, die abschließenden Sätze, die Fried 1997 unter dem Stichwort »Prävention« formuliert hat: »In fast allen Gesellschaften wissen die Menschen, dass eine Kombination von hohem Fieber und Husten auf eine Lungenentzündung verweist. In ganz ähnlicher Weise sollte allgemein beherzigt werden, dass eine obsessive Ideologie, Übererregbarkeit, verminderte gefühlshafte Ansprechbarkeit und eine gruppenabhängige Gewaltbereitschaft, die sich meist gegen Minderheiten richtet, ein ›Syndrom E‹ ankündigen können«[31] – so zum

Beispiel, könnte aus heutiger Sicht angefügt werden, im Fall von Anders Behring Breivik ...

Heute liegen etliche neue Erkenntnisse vor, wie jene dem Gewaltexzess vorausgehenden Lernprozesse des Täters besser erfasst werden könnten. Unstrittig scheint zu sein, dass beim Werdegang vieler Täter Beschämung und Erniedrigung eine zentrale Rolle gespielt haben.

Das von dem zum Abitur nicht zugelassenen, von der Schule verwiesenen Robert St. 2002 – am Tag der Abiturprüfung! – verübte Massaker hat der Psychoanalytiker Martin Altmeyer unter dem Stichwort »Heldenplatz« sehr subtil als grandiose Selbstinszenierung beschrieben: »Eine phantastische Installation mit ihm selbst im Zentrum, eine soziale Plastik der narzisstischen Art: Ich, Robert St., kehre an den Ort meiner unerträglichen Schande zurück und verwandle ihn zum Heldenplatz – und die ganze Welt schaut zu!«[32]

Es wird dem deutschen Schulwesen nachgesagt, dass in ihm eine unerbittlichere Auslese waltet als in den meisten europäischen Ländern. Dass in Deutschland – es hält tatsächlich Platz Zwei dieser makabren Rangliste, gleich hinter den USA! – auch besonders viele Fälle von »rampage killing« zu verzeichnen sind, dürfte somit wohl kaum ein Zufall sein.

# 6. Das Schwinden der körperlichen Fitness

Was auch immer unsere Seele sein mag, sie ist von unserem Körper nicht zu trennen. Ich persönlich bin im Übrigen auch fest davon überzeugt, dass sie nach dem Tod dieses Körpers *nicht* weiterlebt. Wie dem auch sei – nicht eine Frage des Glaubens, sondern ein Gegenstand sicheren Wissens ist, dass der Zustand des Körpers auch die Seele beeinflusst. Mangelnde körperliche Fitness, darum geht es mir in diesem Abschnitt, macht uns noch anfälliger für »Außensteuerung«, als wir es unter den Lebensbedingungen der Moderne ohnehin schon sind. Um es ein wenig brutal, aber nicht unzutreffend auszudrücken: Kinder werden dick, weil sie zu lange vor dem Bildschirm sitzen – und wenn sie erst einmal zu dick sind, geraten sie erst recht in die Gefahr, zu viel Zeit vor dem Bildschirm zu verbringen und sich so in ein »Leben aus zweiter Hand« zu flüchten.

Und in der Tat: Schon seit etlichen Jahren warnen und mahnen Kinderärzte und Sportlehrer immer wieder – und immer wieder ohne irgendwelche spürbaren Folgen! –, weil sie feststellen müssen, dass viele Kinder sehr einfache körperliche Fähigkeiten nicht mehr beherrschen: Balancieren, mit geschlossenen Augen rückwärtsgehen, Seilhüpfen und anderes mehr. Schuld daran sind nicht alleine die »elektronischen Babysitter«, die auch aus deutschen Kinderzimmern nicht mehr wegzudenken sind, sondern ebenso gut, wenn nicht noch mehr, die Familienstruktur, die diesen Siegeszug überhaupt erst möglich gemacht hat.

Die Konsequenzen sind eindeutig und mittlerweile derart vielfältig dokumentiert, dass ich es mir ersparen kann, sie ausführlich zu belegen. Unsere Kinder werden fetter, nicht fitter. Dass manche Eltern ihre Kinder schon früh zur Ausübung eines Leistungssportes drängen (wenn nicht gar zwingen), der nicht auf Freude an der Körperbeherrschung, sondern einzig und allein auf Effizienz und Erfolg hin ausgerichtet ist, macht die Sache nicht besser, sondern schlimmer.

Zu den Grundmotivationen des Menschen[33] gehört – unter anderem – die Regelung einer ganzen Reihe von physiologischen Grundbedürfnissen wie Atmung, Durst, Hunger, Schlaf und so weiter. Auch der Bewegungsdrang zählt dazu (seine Intensität ist vermutlich angeboren), und seine Befriedigung wird, jedenfalls beim gesunden Menschen, durch motorische Funktionslust belohnt. Diese Belohnung ist umso stärker, wenn sich diese Lust mit anderen Motivationen kombiniert, etwa der Neugier: Die optimale Betätigung bietet hier das Spiel, und zwar das Spiel mit einer stark betonten körperlichen Komponente.

Im Ablauf der Kindheitsphase, wie er für die gegenwärtige Gesellschaft typisch ist, treten derartige Spiele (Fangen, Verstecken, »Blinde Kuh«) allerdings mehr und mehr in den Hintergrund, und zwar zugunsten virtueller Spiele, etwa des Fangens von Verbrechern oder des Sich-Versteckens vor Feinden in den entsprechenden Computeranimationen. Dass Kinder – wie es noch in meiner eigenen Jugend »normal« und üblich gewesen ist – vom frühen Nachmittag bis zum Abend draußen mit anderen Kindern spielen, ist heute eher selten geworden. Oft fürchten die Eltern die Gefahren des Straßenverkehrs, oder sie scheuen den Dreck, der durch schmutzige Kinderstiefel ins Haus getragen werden könnte. Der »elektronische Babysitter« bietet Eltern, die oft beide berufstätig sind, eine nützliche Gelegenheit, die Kinder problemlos »ruhigzustellen«, ohne persönlich anwesend sein zu müssen. Es entfällt auch die Notwendigkeit, sie – möglicherweise – zu versorgen, wenn sie sich beim Rollerfahren die Knie blutig geschlagen haben.

Unter den Bedingungen des Bildschirmsitzens, wobei dem Körper oft beiläufig Nahrung von zweifelhaftem Nährwert zugeführt wird, zum Beispiel Kartoffelchips, wächst die Fettleibigkeit und die Fitness nimmt ab – was kaum verwundert und durch eine Fülle von Studien in aller Deutlichkeit dokumentiert wird. 〉〉〉

Doch damit nicht genug: Nicht nur der *Zustand* des Körpers verändert sich in einer die Gesundheit gefährdenden Weise; auch die *Vertrautheit* mit dem eigenen Körper nimmt ab. Mit alledem sinkt auch die Lust an der Bewegung und ebenso die Freude an spielerischer oder sportlicher Aktivität; wird dennoch ein Versuch gewagt, ist die Gefahr groß, dass er rasch wieder beendet wird: Er fällt schwer, die Frustration ist groß, und somit bleibt alles beim Alten – ein circulus vitiosus, aus dem auszubrechen ein immer größeres Problem geworden ist.

Durch die mangelnde Vertrautheit mit einem obendrein wenig trainierten Körper besteht die – in Redensarten wie »Gesundheits-TÜV« und »Batterien aufladen« schon seit geraumer Zeit volkstümlich artikulierte – Gefahr, dass dieser Körper sich von dem, was ich nun einmal *bin*, immer mehr verwandelt in etwas, was ich *habe*. Diese Tendenz zur jederzeit möglichen Selbst-Entfremdung wohnt dem menschlichen Wesen gewiss seit jeher inne, durch die modernen, von den elektronischen Medien und von virtueller Realität geprägten Lebensumstände erhält sie aber eine Schubkraft, wie es sie in diesem Ausmaß wohl noch niemals in der Menschheitsgeschichte gegeben hat. Der Körper wird zu einem – meist eher schlecht gewarteten – Gerät unter anderen Geräten, ein notwendiger, oft allerdings eher lästiger und von uns arg vernachlässigter Gegenstand. Es geht dabei nicht nur um Fettleibigkeit, mangelnde Ausdauer und wachsende Ungeschicklichkeit; hinzu tritt ja noch die »Enteignung der Sinne«, die der Soziologe Ulrich Beck schon vor Jahren als Merkmal der von ihm skizzierten »Risikogesellschaft« bezeichnet

Ein Beispiel muss hier genügen: »Jedes fünfte Kind ist zu dick. Jeder dritte Jugendliche ist übergewichtig. Immer mehr Mädchen und neuerdings auch Jungen leiden an Essstörungen. Gleichzeitig nehmen die körperlichen Aktivitäten der jungen Menschen dramatisch ab. Die Folge: Es wächst eine Generation mit gravierenden Gesundheitsproblemen heran – eine tickende Krankheitsbombe der Zukunft. Wissenschaftlerinnen und Wissenschaftler vom Bremer Institut für Präventionsforschung und Sozialmedizin (BIPS) und der Universität Bremen beschäftigen sich mit dem Thema ›Kinder und Ernährung‹. Und sie schlagen – gemeinsam mit Kolleginnen und Kollegen aus ganz Deutschland – Alarm, vornehm zurückhaltend nach Art von Wissenschaftlern. Die gegenwärtige Situation erfordere viel mehr präventive Aktivitäten. Kinder müssen ein besseres Essverhalten mit auf den Lebensweg bekommen und gesunde Ernährung als etwas Selbstverständliches erleben. Dazu bedarf es der systematischen Aufklärung im Elternhaus, im Kindergarten, in der Schule, im Verein, kurz überall. Gefragt ist die übergreifende Zusammenarbeit von Ärzten, Wissenschaftlern, Pädagogen, Vertretern von Medien und Politik bis hin zur Nahrungsmittelindustrie. Möhre statt Big Mac, Apfel statt Schokoriegel, Vollkornbrot statt Pizza darf nicht nur Wunsch bleiben, sondern muss immer mehr zur Wirklichkeit werden, fordern die Bremer Forscherinnen und Forscher um Professorin Iris Pigeot – oder die Krankheitsraten werden sprunghaft ansteigen und die Gesundheitskosten der Gesellschaft weiter davoneilen.« Pressemitteilung des »Informationsdienst Wissenschaft« vom 29. Juli 2004 hat. Sinnesqualitäten wie Riechen, Schmecken und Tasten treten immer mehr in den Hintergrund gegenüber einer allmächtigen Optik und Akustik, die allerdings oft die Empfindsamkeit des Organismus mit seinen genetisch programmierten Reizschwellen blitzend und lärmend überschreitet: moderne Filme, beispielsweise, sind mit den donnernden Bässen der Soundanlagen und den immer schneller geschnittenen Szenenfolgen meist eine heftige Überwältigung unserer Sinnesorgane, die auf dieses zweikanalige, sich auf den Gesichts- und den Hörsinn beschränkende Trommelfeuer mit zunächst messbarer, dann auch spürbarer Abstumpfung reagieren und reagieren *müssen*. Dies einmal abgesehen davon, dass durch die dauerhafte Überstimulierung auch der Blutspiegel an Stresshormonen steigt, was auf die Dauer gesundheitsgefährdend ist, insbesondere dann, wenn der subjektiv als »Nervenkitzel« empfundene Stress nicht durch motorische Aktion abgebaut werden kann.

Durch die immer stärkere Ausrichtung des Alltagslebens auf die »Faszination Bildschirm«, die einen ständig wachsenden Anteil der Lebenszeit in Beschlag nimmt, wird ganz offensichtlich auch das Heranwachsen der Kinder in dramatischer Weise verändert. Denn hier wird – und zwar immer früher – eine Entwicklung konterkariert, die, hierin sind sich die Wissenschaftler aller Schulen fachübergreifend einig, für das Heranwachsen eines gesunden Kindes zwingend notwendig ist. Indem das Kleinkind lernt, sich selbstständig (selbst ständig!) fortzubewegen, kann es seinen Lebensraum erweitern und mit allen Sinnen erforschen. Es vergrößert seinen Aktionsradius, stärkt die eigene Unabhängigkeit und sammelt damit neue Erfahrungen, wie sie für seine weitere Entwicklung entscheidend sind. Bei dieser »Eroberung« der Umwelt ist das Kind zunächst in hohem Maße auf die Mithilfe anderer Personen, in erster Linie natürlich seiner Eltern, angewiesen – darauf, dass diese es fördern und ermutigen, dass sie ihm nötigenfalls auch Rückendeckung geben. Der Aktionsradius des Kindes wird allerdings, wenn der Bildschirm die Rolle des Lebensmittelpunktes angenommen hat, von vorneherein eingeengt, und das Ensemble an Fähigkeiten und Fertigkeiten, die sich durch die beschriebene »Eroberung des Lebensraumes« eigentlich heranbilden sollten, wird in Umfang und Intensität gewaltsam begrenzt. Dass dem so ist – daran kann angesichts einer schier erdrückenden Datenlage 〉〉〉 kaum noch Zweifel bestehen; die immer wieder und meist von »industrienahen« Wissenschaftlern so gerne beschworenen positiven Aspekte der »elektronischen Erziehung« wiegen demgegenüber nicht sonderlich schwer – sofern sie überhaupt vorhanden sind. Für mich überwiegen da die begründeten Zweifel …

In einer 2011 veröffentlichten Umfrage der Krankenkasse DAK erklärte über die Hälfte der befragten Kinderärzte, dass sich der Gesundheitszustand der von ihnen behandelten Kinder seit dem Jahr 2000 eher (51 Prozent) oder deutlich (4 Prozent) verschlechtert habe. »Mit 97 Prozent stellen fast alle befragten Kinderärzte fest, dass vor allem psychische Probleme und Verhaltensauffälligkeiten zugenommen haben.« 55 Prozent sehen sogar einen »starken« Anstieg. Gerade bei Grundschülern zwischen sechs und acht Jahren treten viele Gesundheitsprobleme durch Übergewicht auf, sagten die Mediziner in der Umfrage. »95 Prozent der Kinderärzte stellen hier eine Zunahme fest.« Auch motorische Defizite sowie Sprach- und Hörprobleme hätten zugenommen – diese Diagnosen würden am häufigsten bei den Drei- bis Fünfjährigen gestellt. (Julia Rannicko: »Gesundheitszustand der Kinder hat sich verschlechtert«, in: Welt online, 05. Juli 2011.)

# 7. Der Siegeszug der Gehirnmythologie

Die Seele ist vom Körper nicht zu trennen, und unser Gehirn ist ohne Zweifel ein Teil dieses Körpers. Dennoch: Dieses Gehirn ist nicht die Seele, auch wenn seelische Regulationen auf Gehirnvorgängen beruhen mögen (aber keineswegs einzig und allein auf ihnen!). Es gehört zu den großen Mythenbildungen des ausklingenden 20. und des beginnenden 21. Jahrhunderts, dass eine zwar zahlenmäßig kleine, aber recht einflussreiche Gilde von Naturwissenschaftlern Neurologie und Hirnforschung mit großem publikatorischem Getöse zu »Leitwissenschaften« der Gegenwart hat ausrufen wollen:

»Für manche Wissenschaftler scheint die Auflösung des Enigmas (des Rätsels, T.B.) von Gehirn und Geist bereits ausgemachte Sache zu sein. In ihren Manifesten stellen sie vollmundig die Entschlüsselung sämtlicher Geheimnisse des Mentalen in Aussicht«, so der Freiburger Psychiater Ludger Tebartz van Elst im Jahr 2007 in einem kritischen Artikel zu der weithin überschätzten Aussagekraft sogenannter Gehirn-Scans (insbesondere der funktionellen Magnetresonanztomografie, abgekürzt fMRT, und der Positronenemissionstomografie, abgekürzt PET).[34] Wie wenig vertrauenserweckend viele dieser Untersuchungen bei näherer Betrachtung sind, hatte vor Kurzem der an der University of California lehrende Neuropsychologe Craig Benett auf drastische Weise klargemacht. Benett hatte einen toten Lachs in die MRT-Röhre geschoben und dann Bilder vom Gehirn dieses toten Tieres gefertigt, die – o Wunder! – eine deutliche Aktivitätsanreicherung in bestimmten Hirnarealen erkennen ließen. Können tote Lachse also denken? Selbstverständlich nicht – die vermeintlichen Signale aus dem Fisch-Gehirn waren nichts anderes als dem komplizierten Verfahren der funktionellen

Magnetresonanztomographie geschuldete Zufallsprodukte, statistische Ausreißer ohne jede Bedeutung. Dies erkennt man dann, wenn man die notwendigen Korrekturberechnungen durchführt, die solche Artefakte verschwinden lassen. Doch solche Korrekturen hätten, so Benett, zwischen 25 und 40 Prozent aller Autoren *nicht* durchgeführt, die in seriösen Fachzeitschriften die Ergebnisse ihrer Hirnforschungen samt den zugehörigen fMRT-Bildern veröffentlicht hatten – »Ergebnisse«, bei denen also schon aus methodischen Gründen ein erhebliches Maß an Skepsis angebracht wäre (eine gute Übersicht über solche und andere Absurditäten der in erheblichem Maß überschätzten »Leitwissenschaft« Neuroscience bietet das 2011 erschienene Buch von Stephan Schleim[35]).

In der Tat traktiert uns die Hirnforschung ungeachtet ihrer eigentlich zur Vorsicht mahnenden Methodenprobleme nahezu jeden Tag, und sei es in der Regenbogenpresse, marktschreierisch mit Neuigkeiten aus der bunten Bilderwelt der modernen Untersuchungsverfahren, die uns angeblich beweisen, wo in unserem Zentralnervensystem die Religiosität, die Eifersucht oder die sexuelle Orientierung »sitzt«. Ihr Augenmerk gilt den physiko-chemischen Vorgängen innerhalb neuronaler Netze, alles andere ist für sie nebensächliches Beiwerk. Diese reduktionistische Vorgehensweise ist eine besonders perfide Art, die Seele zu »enteignen« und uns umso nachhaltiger der Fremd- und Außensteuerung zu überantworten. Hirnforscher wie der von einem erheblichen Sendungsbewusstsein erfüllte – fast hätte ich geschrieben: »beseelte«! – Frankfurter Wissenschaftler Wolf Singer (geboren 1943) werden nicht müde, uns immer wieder zu predigen, der »freie Wille« sei bloß ein »gutes Gefühl«, eine in den Nervennetzen des Gehirns entstandene, für den Alltag nützliche Illusion. »Verschaltungen legen uns fest: Wir sollten aufhören, von Freiheit zu sprechen«, so der Titel eines programmatischen Artikels[36], dessen philosophisch eher dürftiger Gehalt von ihm später noch vielfach variiert worden ist. Buchtitel wie »Aus Sicht des Gehirns« (von Gerhard Roth, 2009), wobei das Hirn offenbar als eigenständiges Wesen betrachtet wird, als eine Art (seelenloser) Homunkulus, sprechen Bände. Ein Gipfel unfreiwilliger Komik ist dann erreicht, wenn ein Neurowissenschaftler sich selbst ausdrücklich mit seinem Gehirn identifiziert wie Christoph von der Malsburg (geboren 1942) im Jahr 1996 in der Süddeutschen Zeitung: »So muss ich, ein Stück weiße und graue Materie, eingeschlossen in die Höhle eines knochigen Schädels, nun meine Situation erkennen. Alles, was ich von der Welt wahrnehmen kann, ist das nervöse Ticken einiger Millionen bündelweise durch Öffnungen in meine Höhle ragender Fasern.«[37] Wer die eigene Situation so zu beschreiben beliebt, der bedarf außer weißer und grauer Materie und einer Fülle von diversen Faserbündeln gewiss keiner Seele mehr.

Indes, mit dem vulgärmaterialistischen Reduktionismus der Hirnforschung hat die moderne Seelenverdrossenheit ja noch lange nicht ihr Bewenden: In den heute gängigen (und leider auch für den ärztlichen Alltag verpflichtenden) Orakelsammlungen der medizinischen Weltvernunft, im »DSM IV« und in der »ICD 10«, ist von inneren Konflikten, wie man sie früher, meist »tiefenpsychologisch« denkend, etwa für die »neurotische Depression« angenommen hat, keine Rede mehr, sie sind samt Begriffen wie »Neurose« gänzlich aus dem medizinisch-psychiatrischen Selbstverständnis getilgt worden. Alain Ehrenberg hat in seiner bereits an anderer Stelle zitierten Studie plastisch beschrieben, wie es so weit kommen konnte und welche bedeutende Rolle der Siegeszug der modernen Psychopharmaka dabei gespielt hat! Dem Kranken von heute wird die Diagnose »Depression« zuerkannt, wenn der ihn behandelnde Psychiater, der aller Wahrscheinlichkeit nach nicht mehr »psychodynamisch«, sondern »biologisch« denkt, in einer Liste das Vorhandensein einer bestimmten Zahl von Symptomen ankreuzen kann. In den Diagnosen oder diagnoseähnlichen Etiketten (»Burn-Out-Syndrom«, »Mobbing-Opfer«), die man den Patienten heute anheftet, wird von inneren Konflikten gerne abstrahiert. Dementsprechend ist in den modernen Therapieverfahren der Wunsch vorherrschend, schnelle Effekte zu erzielen.

So wird der Mensch, der sich im gesellschaftlichen »Stoffwechsel«, in der Sphäre der alles dominierenden Ökonomie selber zum Anhängsel der Maschine herabgewürdigt hat, durch das medizinische System immer öfter dazu genötigt, sich auch in seinen Selbst- und Fremdbeschreibungen als ein maschinenähnliches oder jedenfalls der Maschine analoges Wesen zu verstehen, dessen Lebensgeschicke nun einmal von »Verschaltungen« festgelegt werden.[38] Für eine »innere Stimme«, auf die es zu hören gilt, ist in diesem Weltbild ebenso wenig Platz wie für den »freien Willen« oder gar »das Gewissen«. Die Maschine Mensch ist programmiert durch ihr genetisches Programm und durch die nach der Zeugung erworbenen, schon im Mutterleib beginnenden individuellen Lebenserfahrungen: »Die moderne wissenschaftliche Betrachtungsweise lässt einfach keinen Platz für die Freiheit des menschlichen Willens. Alles, was in unserem Universum geschieht, wird entweder lückenlos durch die Ereignisse der Vergangenheit bestimmt, oder es hängt teilweise vom Zufall ab«, so Marvin Minsky (geb. 1927), einer der Pioniere auf dem Gebiet der »künstlichen Intelligenz« (KI).[39] So auch unser Leben: Einerseits ist sein Verlauf determiniert, andererseits Produkt und Ergebnis des blinden Zufalls.

Es ist hier nicht der Ort, die philosophischen Grundlagen dieser profanen Wissenschaftsgläubigkeit zu erörtern (die so solide nicht sind, wie sie sich selber darstellen!). Es kommt mir darauf an, dass so ein bestimmtes Weltbild geschaffen wird, das sich, bald schon für eine Selbstverständlichkeit gehalten, im Denken und Erleben der Einzelnen festsetzt und sie misstrauisch werden lässt gegen ihr eigenes Innenleben, soweit es nicht »objektivierbar« ist, sondern sich als »rein subjektiv« darstellt, weshalb ihm prinzipiell zu misstrauen wäre. Hier und dort mag ja ein esoterischer Subjektivitätskult erblühen, aber gegen die Macht der Technik und die weltumspannende Vorherrschaft ökonomischer Werte, insbesondere des Geldes (wovon später noch die Rede sein wird!), kann ein solcher meist recht privater Eskapismus auf Dauer nicht bestehen. Es verhält sich hier kaum besser als mit dem durch die später noch zu beleuchtende »Bedeutungsmaschinerie« sehr geschickt zum »Massenevent« hochstilisierten Papstbesuch: Dieser wird zwar gerne als Ausdruck einer vermeintlich um sich greifenden »neuen Religiosität« gefeiert, und es mag ja sein, dass sich etliche Menschen von einer solchen Religiosität – zumindest kurzfristig – auch wirklich ergriffen fühlen; wenn es aber um die langfristige und harte Realität der Kirchensteuer geht, sinkt die Zahl der Zahlungswilligen seit Jahren kontinuierlich ab …

# 8. Zusammenfassung und Ausblick

Ich habe in diesem Kapitel zunächst den Begriff des »außengeleiteten Charakters« dargestellt, wie er von Riesman und Mitarbeitern um die Mitte des 20. Jahrhunderts entworfen worden ist, und ich habe daran anschließend versucht, die Turbulenzen und Bedrängnisse zu skizzieren, in die der mit diesem Charakter behaftete Mensch der Moderne geraten kann und wohl auch wirklich immer öfter gerät. Dazu gehören auch die Fixiertheit auf den eigenen Körper, von dem ich freilich entfremdet bin, und auf seine zwanghaft gesteigerte »Fitness«, die indes eher der Leistungsfähigkeit einer Maschine als einer Qualität meiner Persönlichkeit entspricht, und die Faszination durch das »Zentralorgan« Gehirn, das als der diktatorische Vollstrecker meiner inneren Regulationen begriffen wird, von denen als »Seelenleben« innerlich Kunde zu haben bestenfalls noch als mildtätige Illusionsbildung meiner neuronalen Verschaltungen gelten darf.

Selbstverständlich kann man die von mir hier kritisch beleuchtete Entwicklung auch positiv sehen. Das tut beispielsweise der Kölner Sportsoziologe Volker Rittner (geboren 1946). Da die von mir beschriebene Tendenz in seinen Aufsätzen gut zum Ausdruck kommt, möchte ich aus einem von ihnen etwas ausführlicher zitieren. Rittners im Jahr 1991 verfasster Propaganda-Artikel, im Grunde nichts anderes als ein grandioser Lobgesang auf die moderne Seelenvergessenheit, liest sich im Originalton unter anderem so:

»Die Subjekte behalten sich vor, wo und wie und ob sie sich engagieren. Dem entspricht die Differenzierung der Lebensstile. Sie generieren nicht nur Sinn und attraktive Handlungs- und Selbstdarstellungsmöglichkeiten; sie locken mit Spaßmöglichkeiten das Engagement der Individuen heraus. ( ... ) Der Kontrast zu den traditionellen Seelen-Konzeptionen ist groß. Die tradierten Systeme der Abgrenzung werden notwendig fallengelassen. Der Seele wird, was Umwege spart, die Innerlichkeit genommen. Ohne Innerlich-keits-Anspruch ist ein flexibles Zusammenspiel von Körper und Selbst unter den Belastungen der Umwelt möglich. ( … ) Die Lebensstile ermöglichen die Heraushebung des empfindlichen Ich und die verstärkte Anerkennung durch die Umwelt. Gefühle bekommen den Charakter von Beweisen der Lebenskunst. Das Subjekt, das sich über Gefühle definiert, hat damit das Leben gebändigt und den Schlüssel zu den Ressourcen der Persönlichkeit gefunden. Auch dies macht deutlich, dass die klassischen Konzepte der Seele nicht mehr greifen …«[40]

Dies in der Tat. An ihre Stelle tritt dann eben die hier beschriebene, zunehmende Steuerung von außen, die – da hat Rittner recht – von vielen Menschen zumindest kurzfristig als Verfügbarkeit über neue, faszinierende Möglichkeiten und damit als befreiend erlebt werden. Ich hingegen möchte es eher mit der Dichterin Marie Luise von Ebner-Eschenbach (1830–1916) halten: »Die größten Feinde der Freiheit sind die glücklichen Sklaven.«

Diese glücklichen Sklaven der modernen Erlebnisgesellschaft und ihrer glitzergrellen Konsumwelt registrieren kaum noch, wie sehr ihnen das eigene Ich verloren geht, wie es ihnen aus der Seele gesaugt wird durch die beständig ihr Zerstörungswerk verrichten-den Vakuumpumpen des »sekundären Systems«, die an Stelle seelischer Strukturen innere Leere zurücklassen und uns damit immer wirkungsvoller der »Außenleitung« überantworten. »Ich shoppe mir ein Ich zusammen«, so war bezeichnenderweise ein Artikel über die bei jungen Großstädtern angeblich sehr beliebte »Retro-Mode« überschrieben, der im Sommer 2011 in »Spiegel Online« erschienen ist.[41] Aber durch den Drang, sich mit modischen Dingen herauszuputzen, dürfte wohl schwerlich jenes Ich wiederentstehen, dessen man just zuvor schon weitgehend verlustig gegangen ist.

Wie hat es so weit kommen können? Dieser Frage wird sich das nächste Kapitel widmen. Es geht, um das vorwegnehmend zu verdeutlichen, um eine vor etwa 300 Jahren begonnene, sich im 20. und 21. Jahrhundert permanent beschleunigende Entwicklung (oft unter dem nicht ganz treffenden Schlagwort »industrielle Revolution« zusammengefasst), die den Menschen immer tiefer in *von ihm selbst geschaffene* Kunstwelten hineingesaugt hat. Diese Welten sind nicht irreal – auch das Künstliche ist ja real –, aber es handelt sich um eine andere Realität, eine Realität zweiter Art, die der »natürlichen«, also biotischen Lebenswelt des Menschen, seinen überkommenen, in über 100.000 Jahren weitgehend konstanten ökologischen Anpassungen enteilt, ja diese sogar partiell unterminiert und gefährdet (zum Beispiel durch ihren Energieverbrauch oder durch ihre in gewaltigem Umfang anfallenden Abfallprodukte). Das Ensemble dieser neuen Welten – die nicht immer in einem harmonischen Zusammenhang stehen, sondern bisweilen auch miteinander konkurrieren und konfligieren – hat sich allmählich zu einem Gesamtsystem verfestigt, dessen eine, gefährliche Gemeinsamkeit in der Bedrohung unseres in eben jenen mehr als 100.000 Jahren Menschheitsgeschichte herangebildeten Seelenlebens besteht.

Just dieses System gilt es jetzt genauer zu betrachten.

# Drei

Das »sekundäre System«

# 1. Das archaische, das primäre und das sekundäre System

Wie schon an anderer Stelle berichtet worden ist, stammt die von mir mehrfach benutzte Redewendung vom »sekundären System« von dem deutschen Soziologen Hans Freyer (1887–1969), einem mir ansonsten wenig sympathischen Mann. Obzwar Freyer nie Mitglied der NSDAP geworden ist, hat er doch sehr eindeutig mit dem Nationalsozialismus sympathisiert, was seiner akademischen Karriere nach 1945 freilich nur bedingt geschadet hat: Zwar verlor er 1948 seine Professur in Leipzig, zog dann aber in den Westen Deutschlands um, wo im Mai 1949 die Bundesrepublik entstand, und lehrte dort als »Emeritus« an der Universität Münster weiter; sein Werk »Theorie des gegenwärtigen Zeitalters«, erschienen im Jahr 1955, konnte erheblichen Einfluss auf das kulturelle und politische Klima der Ära Adenauer entfalten. In jenem Buch bezeichnet Freyer die vor der Industrialisierung – deren Beginn er grob auf das Jahr 1800 datiert und die er in ihrer Bedeutung mit der Sesshaftwerdung des Menschen etwa 10.000 Jahre zuvor vergleicht – üblich gewesenen gesellschaftlichen Systeme als quasi naturwüchsige »primäre Systeme«, das Industriezeitalter hingegen als den Beginn des vom Menschen absichtsvoll herbeigeführten »sekundären Systems«.

Es kann allerdings nicht sein Bewenden damit haben, dass wir diesen Begriff des »sekundären Systems« unbefangen benutzen – es kommt vor allem darauf an, seinen Gehalt zu erläutern und zu präzisieren. Ein System, das gilt es zunächst festzuhalten, ist nach allgemeiner Übereinkunft charakterisiert durch seine Bestandteile, aber auch dadurch, wie sich diese ineinander fügen und aufeinander wirken. Davon wird noch *en detail* zu reden sein.

Der Präzisierung bedarf auch noch die in dem Adjektiv »sekundär« implizit enthaltene Vorstellung einer zeitlichen Ab- oder Rangfolge. Ich spreche deshalb in Abgrenzung von dem »sekundären System« im Sinne Freyers (das seit über 200 Jahren einen immer stärkeren, »außenleitenden« Einfluss auf den Menschen und seine Seele entfaltet) nicht nur von den »primären sozialen Systemen«, wie sie seit der »neolithischen Revolution«,[42] also seit der »Erfindung« von Ackerbau und Viehzucht und seit der Anlage erster Großsiedlungen im Verlauf der Sesshaftwerdung das menschliche Leben bestimmt haben, sondern auch von den »archaischen Systemen« in der Zeit davor, in der langen, steinzeitlichen Epoche der Jagd und Sammelkulturen. In diesen erfolgte die Charakterbildung des Menschen nahezu ausschließlich traditionsgeleitet, die zivilisationsbedingte Ausbildung des »Eigenzwangs« gab es noch nicht.

Es mag angebracht sein, diese Jahrtausende während Ära der archaischen Systeme zumindest schlaglichtartig zu beleuchten, um den Kontrast zum »sekundären System« umso deutlicher hervortreten zu lassen – immerhin sind wir in jenen Jahrtausenden ja zu dem geworden, was wir sind, und zwar körperlich wie seelisch.

Es ist gar nicht so wenig, was wir mittlerweile über diesen langen Zeitraum langsamer Menschheitsentwicklung wissen. »Die sorgfältige und respektvolle Beobachtung der Überlebensstrategien heute lebender Wildbeuter-Kulturen in Wüsten und Regenwäldern hat die notwendigerweise auf materielle Überreste konzentrierten Vorgeschichtsforschungen wesentlich ergänzt«, schreibt die Anthropologin Imogen Seger (geboren 1915). »Wir können uns heute ein sehr viel realistischeres Bild davon machen, wie die Menschen bis vor wenigen tausend Jahren gelebt haben, als das den großen Theoretikern der Menschheitsgeschichte im 19. Jahrhundert möglich war.« Und sie fügt an: »Kein schlechtes Leben. In mancher Hinsicht ein besseres Leben als das unsere. Mehr Zeit vor allem. Doch ein Paradies war es nicht.«[43]

Auch wenn es – da hat Imogen Seger recht – gewiss nicht angebracht scheint, das Leben im archaischen System des Jagens und Sammelns, der Wildbeuterei zum (verlorenen) Paradies zu verklären – eine Gefahr, der etwa die Schriftstellerin Jean Liedloff (1926–2011) in ihrem weit verbreiteten Bestseller »Auf der Suche nach dem verlorenen Glück« erlegen ist[44] –, so muss doch festgehalten werden, dass das Verhältnis von Muße und Aufwand zur Daseinssicherung (für den der moderne Begriff »Arbeit« kaum passend scheinen will) in diesen Zigtausenden von Jahren völlig anders gewesen ist als in späteren Zeiten: Den meisten solcher Stammeskulturen reichen etwa zwei bis drei Stunden am Tag zur Sicherung der eigenen Existenz völlig aus: Der Rest steht zur Muße zur Verfügung, zum Erzählen endloser Geschichten, für Spiele, Gruppenrituale, Musik und Tanz. Das Motto »Im Schweiße deines Angesichts sollst du dein Brot essen!« wurde erst dann lebensprägend, als Getreide angebaut und daraus Brot gebacken werden konnte – also mit dem Übergang zur sesshaften Agrargesellschaft vor etwa 10.000 Jahren, und in der von mir bevorzugten Begrifflichkeit: mit dem Übergang vom »archaischen« zum »primären System«.

Nach Untersuchungen bei den !Kung-San in der afrikanischen Kalahari verbrachten die Erwachsenen durchschnittlich 2,4 Wochentage mit Sammeln und Jagen, wobei etwa 60 Prozent der Nahrungskalorien (im Durchschnitt etwa 2355 Kalorien pro Kopf und Tag) durch die Sammeltätigkeit der Frauen herbeigeschafft wurden, zwischen zehn und dreißig Pfund Nüsse, Beeren, Früchte, Gemüse und Wurzeln pro Tag, wobei täglich zwischen drei und achtzehn Kilometern zurückgelegt werden; die Männer jagen nur etwa jeden dritten und vierten Tag. »Diese Jäger und Sammler leben keineswegs ständig an der Hungergrenze, sondern haben im Gegenteil, gemessen an ihrem guten Gesundheitszustand und ihrem elastischen Zeitbudget, einen hohen Lebensstandard«, meint auch der Historiker Wolfgang Reinhard (geb. 1937) und schlussfolgert sehr zu Recht: »Kein Wunder, dass unsere Vorfahren es lange mit dieser Lebensweise ausgehalten haben und der Grund zur Veränderung ziemlich unklar bleibt.«[45]

Und noch etwas gilt es festzuhalten, was den Kontrast zwischen dieser langen Phase der Menschheitsentwicklung und der im Vergleich eher knapp bemessenen Epoche seit der Sesshaftwerdung, also den letzten zehntausend Jahren, besonders deutlich hervortreten lässt: »Das charakteristische Merkmal der Stammeswirtschaft besteht darin, ... dass jegliches Verlangen, Vorteile oder Profit zu erlangen, fehlt.«[46]

Wahrscheinlich ist dies ein Ergebnis erstens des weitgehenden Fehlens jeder Form von Besitz, zweitens der intensiven Gruppenbezogenheit, die ja auch eine äußerst wirksame Form der sozialen Kontrolle darstellt.

Bei den erwähnten !Kung-San in einer unwirtlichen Region des südlichen Afrika betrug die durchschnittliche Gruppengröße 31 Personen, und diese Größenordnung dürfte – mit einer gewissen Variationsbreite für die gesamte »Vorgeschichte« mit ihrem archaischen System typisch gewesen sein. Es handelt sich um jene »Primärgruppen«, die für die Menschheitsentwicklung prägend gewesen sind und nach denen wir uns auch heute, vor allem in der Anonymität der Großstädte, noch sehnen (viele Partys und Familienfeste bewegen sich hinsichtlich ihrer Teilnehmerzahlen gewiss nicht zufällig in eben diesem Bereich!) – wenn wir nicht schon zum Hikkikomori geworden sind ...

»Bestimmte soziokulturelle Spielregeln des Primärgruppenlebens dürften«, meint Wolfgang Reinhard, »für den größten Teil der Menschheit während des längsten Teils ihrer Geschichte mit gewissen Varianten weithin dieselben gewesen sein. In Primärgruppengesellschaften ist man durch täglichen Umgang miteinander vertraut (face-to-face-society) und affektiv verbunden, pflegt sein Zusammengehörigkeitsbewusstsein, nicht zuletzt auch sprachlich und rituell, sichert das eigene Territorium, übt Kontrolle über die Einhaltung von Gruppennormen aus, scheidet aus, wer massiv dagegen verstößt, und grenzt sich umso deutlicher gegen Gruppenfremde ab, je mehr diese in Aussehen, Kleidung und Sprache von den eigenen Gruppennormen abweichen. So weit ist Xenophobie als Distanzierung von Fremden ein menschliches Universale, die Alterität des Fremden also immer konstitutiv für Identität des Eigenen. Dieser Sachverhalt bedeutet aber noch keinen Fremdenhass und darf nicht damit verwechselt werden, obwohl er sich natürlich unschwer dazu steigern lässt.«[47]

Reinhards Darstellung liefert mir ein wertvolles Stichwort – es scheint mir wichtig, einen kurzen Blick auf die Universalien im menschlichen Sozialverhalten zu werfen, wie sie sich im Zuge der Menschwerdung herausgebildet hatten und dann gewissermaßen zu essentiellen Systemkomponenten des »archaischen Systems« geworden sind.

In einer nicht abschließenden (also zweifellos unvollständigen) Aufzählung, für die ich im Wesentlichen Christoph Antweiler folge,[48] möchte ich die folgenden pankulturellen Universalien besonders hervorheben:

⟩ Theorien über die Entstehung der Welt und über die Stellung des Menschen in ihr
⟩ Höherbewertung der eigenen Wir-Gruppe (Ethnozentrismus)
⟩ Begünstigung von Verwandten (Nepotismus = »Vetternwirtschaft«)
⟩ Regeln zur Inzestvermeidung
⟩ Heiratsregeln

> Unterschiedliche Normen für die beiden Geschlechter mit einer Tendenz zur Benachteiligung der Frau
> Romantische Liebe
> Riten beim Ende einer Lebensphase bzw. beim Beginn einer neuen (Übergangsriten, rites de passage)
> Musik und Tanz
> Schmuck und Kunst
> Techniken der Wettervorhersage

Betrachten wir diese Bestandteile des »archaischen Systems«, die sich bis heute aus unserem sozialen Zusammenleben nicht haben völlig verdrängen lassen, so fällt auf, dass sie im Wesentlichen »soziofunktional« sind, dass sie auf Zusammenhalt zielen und auf Gemeinsamkeit und Kommunikation gegründet sind – Gegenstände und »Apparate«, auch Besitz und Habe, spielen in jenen Jahren der menschlichen Frühgeschichte offensichtlich noch eine äußerst geringe Rolle.

Damit ist der wichtigste Kontrast zum gegenwärtigen »sekundären System«, um das es uns in diesem Kapitel geht, bereits verdeutlicht. Dessen Systembestandteile sind, und das kennzeichnet sie in ganz grundsätzlicher Weise, überwiegend technisch-instrumenteller Art. Es scheint mir deshalb voll und ganz gerechtfertigt, sie als »Maschinen« zu kennzeichnen. Natürlich erfüllen diese Maschinen auch Funktionen. Aber es handelt sich um Funktionen, die entweder neu oder neuartig gestaltet sind – und für die, soweit es sie schon in früheren Zeiten gegeben hat, der Mensch des »archaischen« und großenteils auch noch des »primären« Systems« *sich selbst*, seinen Körper, seine Sinne und nicht ihm äußerliche Apparate als Instrument einzusetzen wusste.

Einige von mir als besonders wichtig eingeschätzte maschinelle oder jedenfalls maschinengestützte Systemkomponenten des »sekundären Systems« möchte ich jetzt etwas genauer umreißen. Ich nenne sie – in jener Reihenfolge, in der sie auf den folgenden Seiten ausführlich beschrieben werden sollen – die MOBILITÄTSMA-SCHINE, die DATENMASCHINE, die BEDEUTUNGSMA-SCHINE und die GELDMASCHINE.

Wir wollen diese vier Maschinen zunächst einzeln und dann, abschließend, in ihrem systemischen Zusammenwirken, in ihrem Wirkungsgefüge, betrachten.

## 2. Die Mobilitätsmaschine

Wenn Erdöl der Schmierstoff der modernen Industriegesellschaft ist, dann ist die seit Jahrzehnten vor allem mit erdölbetriebenen Verbrennungsmotoren bewältigte Mobilität ihr Motto, ihr Leitmotiv. Mobilität wird dabei von mir als der Versuch verstanden, immer mehr Verhaltensalternativen in immer kleinere Zeiteinheiten hineinzupressen; das subjektive Empfinden, von dem dieser Versuch begleitet wird, ist die Eile.

Die so verstandene Mobilität besteht augenscheinlich im Vermögen, Distanzen (räumlicher wie zeitlicher Art) zu verringern oder gar zu »überwinden«, also gegen null zu minimieren. Es mag vielleicht auf den ersten Blick wenig einleuchtend erscheinen, auch Konservierungstechniken wie Vakuumierung oder Tiefgefrieren der Mobilität zuzuordnen, aber der Mobilitätszuwachs durch Schutz gegen die destruktive Wirkung der Zeit, durch »Haltbarmachung« wird bei einem kritischen Blick durch die Lebensmittelabteilung der Supermärkte sofort deutlich: Die ganze Welt steht uns dort zur Verfügung (das nötige Kleingeld vorausgesetzt), und zwar durch die ausgefeilte – allerdings höchst energieintensive – Kombination von raschem Transport und Konservierungstechnik. Erst recht wird die Überwindung der Zeit als Form der Mobilität deutlich an den Errungenschaften der Nachrichtentechnik, beginnend mit dem ersten Transatlantikkabel und später der »drahtlosen Telegrafie«, der Funk-Technik, aber auch mit dem Siegeszug der Fotografie als erstem neuartigen »Massenmedium«. Es ist sicherlich kein bloßer Zufall, dass die Firma Kodak mit der Serienproduktion der ersten damit allgemein verfügbaren »Fotokamera« just in eben jenem Jahr 1888 begann, als auch das erste Automobil, gelenkt von der Frau seines Konstrukteurs, Bertha Benz, erfolgreich seine »erste Fernfahrt«

(nämlich von Mannheim nach Pforzheim) absolviert hatte. Und zugleich zeigte sich damals auch die Bedeutung des modernen Nachrichtenwesens: »1. Fernfahrt ist gelungen«, lautete der Text des Telegramms, das Gattin Bertha am Abend jenes 6. August aus dem Pforzheimer Hotel »Zur Post« an ihren in Mannheim wartenden Gemahl Carl Benz sendete, um ihn so rasch wie möglich vom glücklichen Verlauf der 120-Kilometer-Reise zu unterrichten.

Wachsende Mobilität, mit ihrer Tendenz nicht nur zur Beschleunigung aller sozialen, ökonomischen und politischen Abläufe, sondern auch zu einer veränderten – vermeintlich besseren – Verfügbarkeit der Zeit geht nicht nur mit wachsender Hektik und Eile und damit mit einer enormen Vermehrung der psychosozialen Stressoren einher, sondern auch mit einer wachsenden Kurzlebigkeit aller Verhältnisse und Beziehungen, aller Werte und Dinge. Ein Tisch – von einem Handwerker hergestellt – wurde früher von Generation zu Generation weitervererbt; heute kaufen wir ihn zerlegt im Abholmarkt eines skandinavischen Möbelhauses, montieren seine Teile zu Hause zusammen, benutzen ihn eine Zeitlang – und wenn die Familie größer oder unsere Wohnung kleiner geworden ist, wandert er gegebenenfalls auf den Sperrmüll. Von den äußeren »Taktgebern« natürlicher Rhythmen – wie der Wechsel von Tag und Nacht oder das Kommen und Gehen der Jahreszeiten – haben wir uns schon längst weitgehend abgekoppelt: Das Leben wird durch technische Vorrichtungen »äquilibriert«, also auf den von uns gewünschten bzw. durch ökonomische Notwendigkeit erzwungenen Sollwert eingestellt: Ob Sommer oder Winter, die Leuchtmittel erhellen das Großraumbüro jeden Tag in gleicher Weise, der Thermostat der Heizung bzw. der Klimaanlage sorgt stets für die gleiche, vermeintlich angenehme Raumtemperatur.

Apropos Großraumbüro: Arbeitsverhältnisse werden gegenwärtig in der großen Mehrzahl der Fälle ja ohnehin nur noch mit befristeten Verträgen vergeben – ein ungeheuerlicher, in seiner Bedeutung kaum zu überschätzender sozialer Wandel, der leider meist einfach hingenommen und nur sehr selten kritisch erörtert wird. Wie soll da noch eine langfristige Planung möglich sein, zum Beispiel in Sachen Wohnort, Beziehung, eventueller Nachkommen! Auch das Reich der zwischenmenschlichen Beziehungen ist schon längst vom erhöhten »turn over« aller ökonomischen und sozialen Vorgänge erfasst worden: Die Soziologen legen uns nahe, nicht mehr von »Lebens-«, sondern nur noch von »Lebensabschnittspartnern« zu sprechen, und auch diese sind oft nicht mehr verfügbar, sondern womöglich gar nicht mehr erwünscht: Ein Viertel aller erstgebärenden Mütter in Deutschland bringt das Kind zur Welt, ohne in einer festen Partnerschaft mit dem Vater oder einem anderen Mann zu leben – mit weiter steigender Tendenz. Vereinzelung ist die Kehrseite der Beschleunigung, und so wächst die Zahl sowohl der Ein-Personen-Haushalte als auch der alleinerziehenden Mütter und Väter kontinuierlich an. Auch in dieser Hinsicht gilt: Mobilität »bewältigt« nicht nur Distanzen, sie schafft auch Distanz. Und zwar auch Distanz zu den unmittelbaren, ökologischen Voraussetzungen und Daseinsbedingungen unserer Existenz, die kaum noch direkt erfahren werden: Das Kind weiß die Vielzahl der bunten Joghurt- und Pudding-Packungen im Kühlregal des Supermarktes durchaus zu schätzen; einen Kuhstall hingegen hat es womöglich noch nie von innen gesehen. In ähnlicher Manier hat der Heranwachsende schon Tausende von Toden oft grausamster Art auf dem Fernsehschirm oder im Computerspiel miterlebt oder gar selbst herbeigeführt – dass sein kranker Großvater die eigene Todesstunde zu Hause und im Kreis der Familie, im Beisein auch seines Enkels erleben kann, darf hingegen als äußerst unwahrscheinlich gelten. Steht dann wenig später die Beerdigung des toten Großvaters an, so werden die weiträumig verstreuten Familienmitglieder erhebliche Strecken zurücklegen müssen, um so für wenige Stunden wieder einmal zusammenzufinden. Ist die Entfernung gar so groß, dass eine gemeinsame »Andacht« nicht möglich ist, so kann eventuell ein Gedenkort in einem der bereits reichlich vorhandenen Internet-»Friedhöfe« beim Totengedenken helfen, das dann eben nur noch in virtueller Gemeinsamkeit vollzogen wird …

»Es gehört zu den Widersprüchlichkeiten des Lebens in der modernen Großgesellschaft, dass wir über ein Zuviel an Kontakten mit Menschen, die wir nicht kennen, klagen und zugleich das Eingebettetsein in einen Verband uns persönlich bekannter vermissen; denn jene, die wir gut kennen, unsere Freunde und nächsten Verwandten, sind heute meist über viele Orte verstreut. Wir sind daher trotz des Miteinanders mit vielen recht einsam. Die Mobilität hat viele Bindungen zerrissen, und neue herzustellen ist bei der gegenwärtigen Struktur unserer Städte schwierig … Die Wohnungen in den Blöcken der neuen Satellitenstädte sind eher so konstruiert, als wäre der Mensch des Mitmenschen nächster Feind.«[49]

Das Beispiel »Satellitenstadt« kann in eindrucksvoller Weise zeigen, wie Mobilität zur »Struktur« gerinnt, die dann neue Mobilität einfordert – ein vitiöser Zirkel, der unser Alltagsleben nachhaltig bestimmt.

Ich möchte an dieser Stelle aber noch einmal betonen, dass ich weit davon entfernt bin, den Nutzen der Mobilitätsmaschine zu bestreiten, und erst recht nicht den ganz persönlichen Nutzen, den auch ich durchaus aus ihren Funktionen zu ziehen weiß. Ich bin nämlich froh und glücklich, wenn sich mir die Gelegenheit bietet, in den dunklen Wintermonaten aus dem tief verschneiten Allgäu in lichtere und wärmere Regionen zu fliehen – als ich mich im Jahr 2008 nach dem Tod eines nahen Freundes in großer seelischer Bedrängnis fühlte, war es für mich eine wertvolle Hilfe, die Monate Februar und März in Sizilien verbringen zu können. Einem armen

Almbauern des 18. Jahrhunderts wäre eine derartige »Eskapade« nicht möglich gewesen (man mag einwenden, er hätte vielleicht auch keine entsprechenden Wünsche verspürt – aber das ist bloße Vermutung und keine Gewissheit), 〉〉〉 und ich war damals sehr froh, dass mir eine derartige Möglichkeit zur Verfügung stand. Dennoch glaube ich, dass heute die schädlichen Auswirkungen der Mobilitätsmaschine bei Weitem überwiegen – und zwar vor allem deshalb, weil ihrem immer weiter perfektionierten und beschleunigten Funktionieren keine bremsenden Gegenkräfte mehr gegenüberstehen. Ihre schädlichen Funktionen bestehen erstens in der immer weiter um sich greifenden Entsinnlichung (dies nicht zuletzt, was die sinnliche Vertrautheit mit unseren ökologischen Lebensgrundlagen betrifft), zweitens in der nachhaltigen Beziehungsunterbrechung oder gar -verhinderung. Der »Freigelassene der Schöpfung«, als den der Philosoph Johann Gottfried Herder (1744–1803) den Menschen sah, und zwar wegen seiner inneren, also geistigen Beweglichkeit, ist durch seine äußere Beweglichkeit inmitten dieser Schöpfung ortlos, ja ruhe- und heimatlos geworden; ein hektisch Suchender, ein unermüdlicher Renner, der aber im Grunde jenem Pferd gleicht, dem sein Reiter eine an einer Stange baumelnde Mohrrübe vor die Nüstern hält: Im Streben, sein Ziel zu erreichen, wird es eines Tages zusammenbrechen müssen.

Der Bauernsohn Franz Michael Felder (1839–1869), der sich in seiner Heimat, im Bregenzer Wald, auch als Sozialreformer versuchte und ein recht erfolgreicher Schriftsteller wurde, bevor er als Dreißigjähriger (!) an der Tuberkulose starb, beschreibt in seiner Autobiographie – die jeder lesen sollte, der im Begriffe steht, die Schönheiten des »Landlebens« unkritisch zu preisen! – wie er aus seinem Dorf Schoppernau nach Lindau wandert (natürlich zu Fuß!) und dort – es muss das Jahr 1860 gewesen sein – zum ersten Mal einen Bahnhof erblickt: »Und nun sah ich die eisernen Stränge vor mir, die Leipzig und Paris und ganz Europa mit dieser Inselstadt verbanden. Mir wurde weit und frei neben den glänzenden Schienen. Es war also doch nicht bloß Geschwätz, was man von dem Siege des Menschengeistes über Raum und Zeit sagte. Wir in unserem Tale mussten uns freilich den Naturkräften beugen und fast alle waren da als Feinde bekannt. Feuer, Wasser und Luft blieben uns im Ganzen furchtbar, hier aber sah ich sie zum Arbeiten für das Menschengeschlecht, zur Vermittlung des geistigen und materiellen Verkehrs gezwungen.« (Franz Michael Felder: Aus meinem Leben [1904], Frankfurt a. M. 1987, S. 195 f.)

# 3. Die Datenmaschine

Fast 60 Prozent der Befragten – so eine im Juni 2006 veröffentlichte Umfrage[50] – fühlen sich an ihrem Arbeitsplatz von E-Mails überflutet und belästigt; fast jeder Fünfte klagt, er werde durch solche überflüssigen Informationen in seiner Konzentration gestört oder von wichtigen Arbeiten abgehalten. Der bereits an anderer Stelle zitierte Münchener Journalist Alex Rühle hat seinen 182 selbst verordneten »offline«-Tagen 5644 ungelesene E-Mails »verdankt«, mithin 31 pro Tag, und – zum Glück – sich vorgenommen, zukünftig wenigstens zu Hause »Netz-abstinent« zu leben. Hoffen wir, dass er diesem Vorsatz treu geblieben ist!

Die ständig beschleunigte Mobilität der Moderne und ihr subjektives Korrelat, die Eile, führen dazu, dass wir nahezu ständig mehrere Sachen auf einmal erledigen zu müssen glauben – wir trinken Kaffee auf dem Weg ins Büro, bearbeiten auf dem Laptop unsere elektronische Post, wenn wir in der U-Bahn oder in einer Kneipe sitzen, wir telefonieren, während wir auf dem Bildschirm einen Text redigieren und so weiter und so fort.

Dabei häufen sich indes nicht nur die Flüchtigkeitsfehler, es entsteht auch für den Überforderten selbst oft nicht geringer Schaden. Bezeichnenderweise interessieren sich viele Untersucher erstrangig für die ökonomischen Risiken: Forscher des US-Beratungsunternehmens Basex haben die Kosten des ständigen Büro-Multi-Tasking für die Wirtschaft der USA vor rund fünf Jahren auf jährlich 588 Milliarden Dollar beziffert; ihre Kollegen des Henley Management College kamen nach der Befragung von 180 »Führungskräften« aus vier Ländern zu der Schlussfolgerung, dass diese Manager im Schnitt dreieinhalb Jahre ihres Lebens durch unwichtige oder überflüssige E-Mails vergeuden. Die systematische Untersuchung dieses alltäglichen Büro-Irrsinns hat in den USA eine neue Forschungsrichtung entstehen lassen, die *Interruption Science*, die Wissenschaft von der (unfreiwilligen) Unterbrechung einer Tätigkeit und ihren Folgen; eine davon nennt man *Attention Deficit Trait*, das (stressbedingte) Aufmerksamkeitsdefizit.

Die beiden soeben genannten Studien werden auch in einem Buch über »Das Glück der Unerreichbarkeit« zitiert, das die Professorin für Kommunikationsmanagement an der Universität St. Gallen, Miriam Meckel (geboren 1967), im Jahr 2007 veröffentlicht hat. Meckel, die nach eigenen Angaben etwa 250 E-Mails pro Tag erhielt (womit sie den armen Alex Rühle, siehe oben, mühelos in den Schatten gestellt hätte ...) – die meisten davon über ihren Blackberry –, gewann aus der Konfrontation mit der Datenflut, aber auch aus dem irrigen eigenen Anspruch, in ihr mitschwimmen zu wollen, zwei simple Einsichten, mit deren Hilfe sie ihre Lebensprioritäten künftig besser festsetzen zu können glaubte 〉〉〉: Wer technisch angeschlossen ist, ist nicht zwangsläufig auch sozial angebunden, und: Wer immer erreichbar ist, ist eigentlich für nichts und niemand da.[51]

Das wohl – aber es stellt sich ja die Frage, warum derart schlichte Einsichten auch unbezweifelbar hochintelligenten Menschen nicht zur eigenen praktischen Lebensgestaltung zur Verfügung stehen. Offensichtlich ist die hier zur Debatte stehende Form von Intelligenz kein Schutz gegen Selbstausbeutung, gegen wachsende Entfremdung von den eigenen Lebensgrundlagen, gegen das zunehmende Verkennen dessen, was im Leben »wirklich« wichtig ist. Die vom sekundären System generierte »Datenflut« und das durch sie vermeintlich erforderte »Multitasking« erhöhen nicht nur das »Grundrauschen« unserer Zivilisation in einem schwer erträglichen Ausmaß (und dies nicht allein durch die über 200 Milliarden

Die »Wege aus der Kommunikationsfalle« (so der Untertitel ihres Buches), die Meckel 2007 aufzeigen zu können glaubte, halfen ihr allerdings nicht, ihren eigenen »Burn out« zu vermeiden, über den sie drei Jahre später ein neues Buch veröffentlichte. Offenbar war es Meckel mit ihren klugen Einsichten und Ratschlägen so ergangen wie dem römischen Philosophen Seneca (4 vor bis 65 nach Chr.), der rund zweitausend Jahre vorher, auf seinen recht unphilosophischen Lebenswandel angesprochen, lakonisch festgestellt hatte: »Der Wegweiser zeigt ja auch nur den Weg und geht nicht selber hin ...«

E-Mails, die auf unserem Heimatplaneten mittlerweile *täglich* gesendet werden und die 116 Millionen SMS, die derzeit (2010) alleine in Deutschland täglich durch den Äther schwirren), sie sind auch äußerst wirkmächtige Faktoren zur Verhinderung des Innehaltens, des Zu-sich-selber-Kommens und damit Prozesse, die uns in wachsendem Maß der Möglichkeit berauben, darüber nachzudenken, worauf es im Leben wirklich ankommt.

# 4. Die Bedeutungsmaschine

Wer auf der A 7 in Schleswig-Holstein südwärts fährt und mit Glück – nach mehr oder weniger langem Stau vor der Fahrt durch den Elbtunnel – auch das Gebiet der Hansestadt Hamburg durchquert hat, wird nach dem abermaligen Passieren einer Landesgrenze rechter Hand ein großes Schild bemerken, auf dem zu lesen steht: »Niedersachsen – immer eine gute Idee«. Nachdenkliche Mitmenschen werden vielleicht darüber nachgrübeln, wieso Niedersachsen – als Bundesland eigentlich ein materielles Gebilde mit räumlicher Ausdehnung – sich hier als »Idee« präsentiert, oder ob vielleicht gemeint sei, in Niedersachsen, wo man sich ja jetzt befindet, würde man um neue Ideen nie verlegen sein. Wahrscheinlich haben die sicher nicht schlecht bezahlten Verfasser dieser Werbebotschaft aber so weit gar nicht gedacht – sie waren wohl schlicht und einfach der Meinung, dass sich ihr ziemlich banaler Spruch irgendwie gut, vielleicht sogar »geistreich« anhört, und das hat ihnen genügt. Ob durch die seltsame Werbetafel noch andere Effekte erzielt werden, ist nicht auszumachen; ich persönlich halte es eher für unwahrscheinlich, dass auch nur ein einziger der Menschen, die das Schild flüchtig zur Kenntnis nehmen, daraufhin beschließt, nach Niedersachsen umzusiedeln oder gar dort einen Betrieb zu gründen. Kurzum: Die niedersächsische Landesregierung hätte sich das hier investierte Geld vermutlich sparen können. Dass sie das nicht getan, sondern Geld investiert hat, erklärt sich vermutlich dadurch, dass auch sie teilnehmen zu müssen glaubte an einem allenthalben wirksamen Trend (»Wenn wir das nicht tun, fährt der Zug ohne uns ab …«), der sich in dem Bemühen zeigt, unsere Umwelt mit immer neuen, angeblich bedeutsamen Botschaften »aufzuladen«. Mediale Inszenierungen wie »Deutschland sucht den Superstar« oder »Germanys next Topmodel« sind ja im Grunde nichts anderes als auf gigantisches Format aufgeblasene Nichtigkeiten, die sehr an Bertolt Brechts Diktum gemahnen, die Dummheit mache sich unsichtbar, indem sie gewaltige Ausmaße annehme. Tauschen zwei Politiker kurz vor einer Wahl in einer Fernsehsendung Gemeinplätze und nichtssagende Phrasen aus, so wird dieses Ereignis marktschreierisch als »Duell« bezeichnet und der – in Wahrheit äußerst realitätsferne – Eindruck vermittelt, man dürfe dieses Ereignis auf keinen Fall verpassen, wolle man wissen, was die Stunde geschlagen habe, worum es gehe etc. Wie bleiben wir »up to date«?

Ein von Berufs wegen ständig mit diesem Problem hantierender Autor, der ZEIT-Journalist Ulrich Schnabel (geboren 1962), hat in einem Artikel mit dem Titel »Das Wesentliche im Blick« die Frage erörtert, wie Themen und Probleme, die Aufmerksamkeit verdienen, von anderen unterschieden werden könnten, bei denen dies nicht der Fall ist: »Zu keiner Zeit waren solche Fragen drängender als heute, da wir über eine nahezu unendliche Zahl von Kommunikationskanälen verfügen. Wir können uns fast das gesamte Weltgeschehen ins Haus liefern lassen. Wir müssen nur entscheiden, worauf wir unsere Aufmerksamkeit richten wollen: Lieber an Fukushima dranbleiben oder eher am arabischen Revolutionsgeschehen? Stuttgart 21 oder Atompolitik? Sollen wir uns auf den Frühling vor der Tür konzentrieren, den royalen Hochzeitsrummel oder St. Paulis Abstiegskampf? Hilfe!, möchte das moderne Subjekt da schreien, zu viele Möglichkeiten, was davon ist wirklich *wichtig*?«[52]

Schnabels bange, freilich auch ein wenig banale Frage schließt sich gut an die im letzten Abschnitt geschilderten Schwierigkeiten des Gegenwartsmenschen an; es scheint mir allerdings wichtig, den Gedankengang noch ein Stück weiterzuführen. Denn wir werden ja nicht nur – wie bereits erörtert – mit Sinnesdaten und Information überflutet, sondern vor allem auch mit *Bedeutungen*, mit einer aufdringlichen *Semantik der Wichtigkeit,* die unser Leben in die eine oder andere Richtung drängen wollen. So soll das törichte Schild am Rand der A 7 dem Autofahrer, mag er auch aus Biberach, Nördlingen oder Radolfzell kommen, suggerieren, das Land Niedersachsen mit seinen vielen guten Ideen habe irgendeine Bedeutung für ihn (wahrscheinlich, wie schon angedeutet, in den meisten Fällen eine vergebliche Mühe …).

Eine besondere Rolle spielt in diesem Zusammenhang die geradezu epidemische Verwendung des Wortes »Erlebnis«, oft als Präfix einem anderen Wort vorangestellt, das damit quasi geadelt werden soll. Die »Erlebnisgastronomie« und der »Erlebnistiergarten« sind da schon alte Hüte, es fragt sich nur, wann sich ihnen noch – beispielsweise – das »Erlebniskrankenhaus« hinzugesellen wird. Etwas zu »erleben«, was auch immer damit gemeint sein mag, wird damit gleichsam zu einer bedeutungsschwer angepriesenen Pflicht, und wer die entsprechenden Angebote nicht wahrnehmen will, avanciert rasch zum Spielverderber und zur »Spaßbremse«.

Es müssen nicht immer angenehme Erlebnisse sein, die auf dem Markt der wirklich oder vermeintlich bedeutsamen Informationen als Sensation gehandelt werden. Jeder mehr oder minder prominente Mitmensch, der eine mehr oder minder schwere Krankheit überstanden hat, schickt sich heute an, die Öffentlichkeit mit einer wahren Informationsflut über das eigene Schicksal zuzumüllen – so verfährt etwa, während ich diese Zeilen schreibe, die Schauspielerin Gaby Köster (geboren 1961) mit ihrem 2008 erlittenen Schlaganfall, der sie rund drei Jahre vom Licht der Öffentlichkeit ferngehalten hat, in das sie jetzt entschlossen und äußerst mitteilungsfreudig zurückzukehren gedenkt. Dazu, wie auch zu vielen anderen Gelegenheiten, fällt mir immer wieder ein schöner Song der Rock-Band »Die Ärzte« ein: »Das sind lauter Dinge, von denen ich gar nichts wissen will / Lass mich doch in Ruh und texte mich nicht zu …«

Hinter diesem permanenten Bedeutungs-Bombardement durch die modernen Massenmedien steckt nicht zuletzt eine wachsende Konkurrenz um die Aufmerksamkeit des überforderten Gegenwartsmenschen – seine Aufmerksamkeit, aus der ja erst ein etwaiges Interesse (und in der Folge etwa ein Kaufinteresse) erwachsen kann, wird zu einer immer knapperen Ressource, denn infolge der ständig wachsenden Fülle von Sinnesdaten und Informationen, die auf uns einströmen, steht »pro message« immer weniger Aufmerksamkeit zur Verfügung – was uns nicht übermäßig bedrängt oder beeindruckt, filtern wir oft genug von vorneherein weg, sortieren es aus, lassen es gar nicht erst ins Bewusstsein dringen. Eben das möchten viele »Anbieter« naheliegenderweise vermeiden. Und deshalb wird hier ein im wahrsten Wortsinne mit allen Mitteln arbeitender Mechanismus der »Außenleitung« in Gang gesetzt, als dessen Ergebnis viele Menschen von dem Empfinden geleitet werden, wichtig sei eben in erster Linie das, was auch viele andere Menschen als wichtig empfinden und was eben deshalb in den Massenmedien – von der Bildzeitung bis zu den Fernsehprogrammen und den sozialen Netzwerken – eine hervorgehobene Rolle spielt. Die oft sehr unmittelbaren kommerziellen Interessen sind dabei ja nicht immer durchsichtig – etwa, wenn »Bild« vor etlichen Jahren einen Riesenhype um die Memoiren eines im Grunde recht uninteressanten Menschen namens Dieter Bohlen veranstaltet hat, wobei der Öffentlichkeit verborgen blieb, dass die Frau des »Bild«-Chefredakteurs, welch seltsamer Zufall!, der Ghostwriter dieser »Lebenserinnerungen« gewesen ist …

Nicht wenige Menschen investieren viel Zeit und Mühe, um irgendwie mitzuhalten in diesem immer intensiver gestalteten Panoptikum der kleinen und großen Selbstinszenierungen – durch Bilder oder Filme, die sie ins Netz stellen, durch die Teilnahme an Diskussionsforen und so fort. Wie stark dabei die Versuchung werden kann, der »Außenleitung« zu erliegen, zeigte sich nirgendwo deutlicher als im Falle jenes jungen Paares in den USA, das im Herbst 2010 im Internet eine Abstimmung darüber durchführen ließ, ob es im Falle seines noch ungeborenen Kindes einen Schwangerschaftsabbruch durchführen lassen solle: Es hatte sich nicht in der Lage gefühlt, selbst, anhand der eigenen inneren Werte, eine Entscheidung in dieser Frage zu treffen, und überantwortete sich deshalb dem Diktat einer völlig anonymen Mehrheitsbildung …

Die Fülle der virtuellen Kontakte bei gleichzeitigem Fehlen intensiver persönlicher Beziehungen, die wir weiter oben als Tendenz zur undifferenzierten »Verkameradschaftung« beschrieben hatten, ist ein Nährboden, auf dem die Bereitschaft wächst, sich dem anzunähern und anzugleichen, was andere – je mehr, desto besser – als bedeutend etikettiert haben, mag es bei näherem Hinsehen auch wirr, grotesk oder banal wirken. So drohen wir also in den Sog der Bedeutungsmaschine zu geraten, indem wir uns selber zum Gegenstand der Schaulust, des öffentlichen Interesses (möglicherweise auch der Häme und Schadenfreude!) machen. Wir können uns, wie es scheint, diesem Sog nur schwer entziehen, können nicht abseits stehen, verzichten, entsagen.

Im Gegenteil: Wenn wir das Gefühl haben, unsere eigene Bedeutung werde nicht genügend geschätzt, dann müssen wir eben unsere Bemühungen intensivieren, müssen möglicherweise noch mehr von uns preisgeben: Es war noch nicht genug. Offenbar ist es eine Wirkung der Bedeutungsmaschine, dass immer mehr Gegenwartsmenschen im virtuellen Raum die größten Anstrengungen unternehmen, um selbst als bedeutend zu erscheinen …

# 5. Die Geldmaschine

Von der »Ersetzung der Werte durchs Geld« hatte schon am Anfang des letzten Jahrhunderts der berühmte, seinerzeit vielen anti-
semitischen Anfeindungen ausgesetzte Berliner Soziologe Georg
Simmel (1858–1918) gesprochen. Das Geld, dieser immer und überall
gegen alle konkreten Werte und Dinge austauschbare »Joker«, kann
den Stil des Lebens eben deshalb so nachhaltig bestimmen, weil es
selbst keinerlei konkrete Eigenschaft besitzt außer dieser einen:
immer und überall als Rechengröße und damit als Maßstab des
Austausches dienen zu können. Da Simmels just im letzten Jahr des
*fin de siècle*, also anno 1900, erschienenes Buch leider bis heute nicht
sonderlich bekannt geworden ist, mag es angebracht sein, hier eine
längere Passage daraus zu zitieren. Georg Simmel stellt fest:

»Wir haben früher als das Bezeichnende des Geldes andern Besitzen gegenüber festgestellt, dass es keinerlei Hinweis auf irgendeine bestimmte Verwendungsart und ebendeshalb keinerlei Hem-
mung in sich schließt, durch die ihm die eine Verwendung ferner
oder schwieriger wäre als die andere«, schreibt der in Berlin gebo-
rene Sohn des Kaufmanns Felix Simmel, der die Schokoladenfabrik
»Felix und Sarotti« gegründet hatte. »Diese absolute Möglichkeit,
die Kräfte des Geldes bis aufs Letzte auszunutzen, erscheint nun
nicht nur als Rechtfertigung, sondern sozusagen als logisch-begriff-
liche Notwendigkeit, es auch wirklich zu tun. Da es in sich weder
Direktiven noch Hemmungen enthält, so folgt es dem je stärksten
subjektiven Impuls – der auf den Gebieten der Geldverwendung
überhaupt der egoistische zu sein scheint. Jene Hemmungsvorstel-
lungen: dass an einem bestimmten Gelde ›Blut klebt‹ oder ein Fluch
haftet, sind Sentimentalitäten, die mit der wachsenden Indifferenz
des Geldes – indem es also immer mehr bloß Geld wird – ihre Be-

deutung ganz einbüßen. Die rein negative Bestimmung, dass keinerlei Rücksicht sachlicher oder ethischer Art, wie sie sich aus andern Besitzarten ergibt, die Verwendung des Geldes bestimmt, wächst ohne weiteres zur Rücksichtslosigkeit als einer ganz positiven Verhaltungsart aus. Seine Nachgiebigkeit, die aus seinem völligen Gelöstsein von singulären Interessen, Ursprüngen und Beziehungen folgt, enthält als anscheinend logische Konsequenz die Aufforderung, uns in dem von ihm beherrschten Lebensprovinzen keinerlei Zwang anzutun. An seiner absoluten Sachlichkeit, die gerade aus dem Ausschluss jeder einseitigen Sachlichkeit hervorgeht, findet der Egoismus reinen Tisch vor ...«[53]

Es ist just eben diese der Indifferenz des Geldes geschuldete Tendenz zur Rücksichtslosigkeit »als einer ganz positiven Verhaltungsart«, die den Finanzmarkt zu Beginn des 21. Jahrhunderts mit einer Fülle aberwitziger, an keinerlei »Realwirtschaft« mehr gekoppelter virtueller Produkte (Zinswetten, Leerverkäufe etc.) überschwemmt hatte, was bekanntlich im Jahr 2008 nach der Pleite der New Yorker Bank Lehman Brothers am 15. September zu einer schweren, gegenwärtig noch keineswegs überwundenen Wirtschaftskrise geführt hat.

Aber der hellsichtige Simmel hat nicht nur die der enthemmenden Indifferenz des Geldes geschuldete »Ersetzung der Werte durchs Geld« beschrieben, sondern hat auch noch eine andere Wirkung der Geldwirtschaft erkannt, nämlich die von ihr bewirkte zunehmende Distanz zwischen Mensch und Welt; es zeigt sich nämlich, »dass das Geld uns mit der Vergrößerung seiner Rolle in immer weitere psychische Distanz zu den Objekten stellt, oft in eine solche, dass ihr qualitatives Wesen uns davor ganz außer Sehweite rückt und die innere Berührung mit ihrem vollen, eigenen Sein durchbrochen wird. Und das gilt nicht nur für die Kulturobjekte. Unser ganzes Leben wird durch die Entfernung auch von der Natur gefärbt, die das geldwirtschaftliche und das davon abhängige städtische Leben erzwingt.«[54] Ja es hat nachgerade den Anschein, als habe Georg Simmel auf den letzten Seiten seiner voluminösen »Philosophie des Geldes« eine recht fest umrissene, von ihm freilich nicht weiter erläuterte Vorstellung von dem entwickelt, was wir mit Hans Freyer das »sekundäre System« genannt und in diesem Kapitel näher betrachtet haben: »Wenn man schon auf dem Gebiet der Produktion behauptet, dass die Maschine, die den Menschen doch die Sklavenarbeit an der Natur abnehmen sollte, sie zu Sklaven eben an der Maschine herabgedrückt hat, – so gilt es für feinere und umfassendere innerliche Beziehungen erst recht«, schreibt er. »Wie wir einerseits die Sklaven des Produktionsprozesses geworden sind, so andererseits die Sklaven der Produkte … So ist der Mensch gleichsam aus sich selbst entfernt, zwischen ihn und sein Eigentlichstes, Wesentlichstes, hat sich eine Unübersteiglichkeit von Mittelbarkeiten, technischen Errungenschaften, Fähigkeiten, Genießbarkeiten geschoben.«[55]

So erweist sich die Geldmaschine als der vielleicht wirksamste Bestandteil des »sekundären Systems«, als besonders wirkungsvolle Verbindung und Vermittlung zwischen dessen sonstigen Bestandteilen, quasi eine Art von »Getriebe« oder »Kraftübertragung«. Es gelingt dies insbesondere durch die Fähigkeit des Geldes zur geradezu automatischen »Selbstvermehrung« (»Ich lasse mein Geld arbeiten …«), die wiederum einer Spezialeigenschaft des Geldes, der Verzinsung, geschuldet ist. »Unser ständig positiver Zins zwingt uns ohne Pause nicht nur zum Produzieren und zum Konsumieren, sondern auch zu einer ständigen Steigerung desselben«, schreibt Helmut Creutz in seiner lesenswerten Studie »Das Geld-Syndrom«. Und zwar vollzieht sich dieser Zwang zur Steigerung von Produktion und Konsumtion »im Gleichschritt mit den Geldvermögen und den Schulden, die wiederum durch die ständig positiven Zinsen übermäßig wachsen, gewissermaßen ›von alleine‹. Diese Verknüpfung von Geld und Zeit haben wir bereits so verinnerlicht, dass wir uns immer mehr zum Leisten und Verbrauchen jagen lassen, ohne jedes Hinterfragen.«[56]

Freilich, viele von uns spüren es ja – denn es lässt sich zwar ziemlich lange, aber eben nicht auf Dauer verleugnen, in welchem Umfang immer mehr Kraft und Energie von uns dafür verausgabt werden muss, dass wir schlicht und einfach »dabei« sind, dass wir »mithalten« können, mitschwimmen im Mainstream des Alltagslebens. Anders ausgedrückt: Die Systemkomponenten des »sekundären Systems« üben durch ihr Wirkungsgefüge einen ständigen Druck auf uns aus, sie fordern von uns die Ausbildung und Beherrschung einer gewaltigen Fülle von Ich-Leistungen, die für das Leben in früheren Zeiten schlicht und einfach nicht erforderlich waren. Der ständige Vollzug dieser Ich-Leistungen kostet nicht nur ein hohes Maß an Kraft und Energie, die uns dann für andere seelische Vorgänge (etwa für Kreativität oder meditative Innenschau) nicht mehr zur Verfügung stehen; er scheint – und dies besonders bei jenen, die sich innerlich mit der schönen neuen Welt und ihrem Stil des Lebens identifizieren – im Sinne einer Raubbau-Wirtschaft auf Dauer alle inneren Reserven aufzuzehren. Dass dem Gemeinwesen dann eine Flut an Burn-out-Zuständen, an depressiven Herabgestimmtheiten und an anderen Syndromen wachsender seelischer Erschöpfung bis zum gierigen, unersättlichen Hals steigt, nimmt da kaum Wunder: Wir ernten, was wir säen …

# 6. In Summa

Wie wirken diese Maschinen, die ja allesamt Komponenten des »sekundären Systems« sind, innerhalb dieses Systems aufeinander und miteinander, wie sieht das »Wirkungsgefüge« aus, das sie verbindet?

Offensichtlich bremsen sie einander in ihrer Wirkung nicht, sondern verstärken sich wechselseitig, wirken synergistisch.

Ihnen allen scheint zudem gemeinsam zu sein, dass es für ihren ständigen Weiterbetrieb offenbar keine natürlichen Haltepunkte gibt, keine Sättigung – falls irgendwo doch ein Maximum existieren sollte (im Falle der Mobilität wäre es durch die Lichtgeschwindigkeit gegeben, die nur in Science-Fiction-Romanen und -Filmen übertroffen werden kann), dann sind wir augenscheinlich noch weit davon entfernt. Das unterscheidet die durch das »sekundäre System« implementierten Abläufe von den natürlichen, zyklischen Lebensvorgängen, die durch eine negative Rückkoppelung geregelt werden und gegebenenfalls zeitweise zum Stillstand kommen: Irgendwann ist der Hunger gestillt, der Durst gelöscht, der Sexualtrieb befriedigt. Aber für den Durst des Alkoholikers gilt das nicht: Hier herrscht das Prinzip »Je mehr, desto mehr« – ein selbstverstärkender Prozess, der möglicherweise erst in der Katastrophe sein Ende findet, weil der Körper das beständige positive Feedback irgendwann nicht mehr aushält. Auch die Funktionen der hier geschilderten Maschinen, auf deren Zusammenwirken die erfolgreiche Einflussnahme des »sekundären Systems« beruht, sind solche sich selbst nicht nur in Gang haltende, sondern auch noch verstärkende Prozesse. Auch sie finden »in sich« keinen Halt, sondern werden – wie die Sucht des Alkoholikers – allenfalls durch Größen »gebremst«, die ihnen äußerlich sind (in diesem Fall etwa durch ein Leberversagen).

So weit diese eher theoretischen Überlegungen zur Wirkungsweise des »sekundären Systems«. Sie waren mir wichtig im Sinne einer »Bestandsaufnahme« oder einer »Standortbestimmung« – wer anhand einer Karte nach dem Ziel einer Wanderung sucht, muss, will er dieses erreichen, ja erst einmal wissen, wo er sich befindet – und diesen Ort auf der Karte identifizieren. Just diesem Zweck war der bisherige Text gewidmet.

Ich möchte Sie im Folgenden dazu anregen, selbst darüber nachzudenken, wo und inwieweit Sie dem »sekundären System« unterworfen, in welchem Maß Sie »Sklaven der Matrix« geworden sind.

Schon immer, ganz besonders aber im hektischen 20. und 21. Jahrhundert, haben Philosophen – und später Psychotherapeuten – versucht, den von Reizen und Forderungen überfluteten Menschen »zu sich selber zurückzuführen«, dabei oft inspiriert von fernöstlichen Weisheitslehren (die allerdings nirgendwo auf der Welt derart strikt missachtet werden wie in den aufstrebenden Industrienationen des »fernen Ostens«!). Das »Sensitivity Training« nach Ruth Cohn, aber auch die »Achtsamkeitsübungen« von John Kabat-Zinn sind derartige Versuche, die große öffentliche Aufmerksamkeit gefunden haben. Mich erinnern sie an die von manchen Arbeitgebern verordneten gymnastischen Übungen in den Arbeitspausen – in gewisser Hinsicht wohl »besser als nichts«, aber letzten Endes doch ein Versuch, ein System zu perfektionieren, über dessen menschenfeindliche Grundrichtung nicht nachgedacht werden soll. Und im Endeffekt bleibt alles beim Alten in der »besten aller Welten«.

Ich glaube allerdings, dass ein wirklich wirksames Warnsignal, unsere bedrohte Seele nicht noch stärker zu ruinieren, »von außen« kommen muss, aus Bereichen, die den Verwertungszusammenhängen des »sekundären Systems« zumindest teilweise entzogen sind.

Solche Bereiche gibt es – nicht für alle sind sie attraktiv, nicht allen erscheinen sie glaubhaft. Und nicht alle werden diese Signale erkennen können, nicht alle ihre Bedeutung richtig abzuschätzen wissen.

Trotzdem – wir haben nichts anderes anzubieten …

Und eben deshalb wird jetzt zwei Dichtern das Wort erteilt.

Vier

Was Abhilfe schaffen
könnte – eine Anleihe bei
zwei Dichtern

»Was bleibet aber, stiften die Dichter«, heißt es in dem Gedicht »Andenken« von Friedrich Hölderlin (1770–1843), das meistens leider falsch (nämlich als »Was aber bleibt …«) zitiert wird. Es mag an dieser Stelle dahingestellt bleiben, ob das Dichterwort eher einen Wunsch wiedergibt, als dass es der Wirklichkeit gerecht wird. In unserem Zusammenhang, wenn wir nämlich von der Bedrohung der menschlichen Seele sprechen, ausgeübt durch jene wachsende Außensteuerung, die das »sekundäre System«, die »Matrix« Großtechnik bewirkt, scheint es mir in hohem Maße angebracht, bei der Skizze eines »friedlichen Partisanentums« im Dienste der Humanität weniger auf wissenschaftliche Erkenntnisse, denn auf dichterische Kreativität zurückzugreifen.

Das liegt in erster Linie daran, dass es mir um eine Kategorie geht, die seit Jahrtausenden der bevorzugte Gegenstand künstlerischen Schaffens ist – die geheimnisvolle Welt des »Anderen«.

Die Welt sei alles, was der Fall ist, meinte der zeit seines Lebens reichlich unglückliche Philosoph Ludwig Wittgenstein (1889–1951),[57] aber diese Kennzeichnung scheint mir nicht ausreichend für ein umfassendes Weltverständnis. Die Welt ist ja auch all das, was der Fall sein könnte – das Reich der Möglichkeiten, die Fülle der Eventualitäten, gehört auch zu ihr. Die nicht gewählte, aber zum Zeitpunkt x immerhin wählbare Alternative gehört eben auch zur Weltgeschichte: »Historisch ist nicht nur, was blieb – historisch ist auch, was möglich war«, meint zu Recht der Politologe Ekkehart Krippendorf (geboren 1934) in einer groß angelegten Studie über »Staat und Krieg«[58]. Das »Andere« ist also das »Möglichkeiten-Ensemble«, das der Innenwelt des in einem ganz anderen Ausmaß als jedes Tier zum antizipierenden Denken (aber, was gerne übersehen wird, auch zum *antizipierenden Fühlen*) befähigten Menschen unverlierbar innewohnt. Wir ahnen das Andere, ersehnen es, fürchten es – wie auch immer, abschütteln können wir es nicht. Dieses Andere kann Gegenstand der Wehmut, aber auch der Angst werden. Und es ist – dies vor allem – eines der wichtigsten Themen der Kunst. Gerade die Künstler üben sich in jenem »Möglichkeitssinn«, den der Dichter Robert Musil (1880–1942) in seinem unvollendeten Spätwerk »Der Mann ohne Eigenschaften« (ab 1930) so ausführlich behandelt hat. Gerade sie zeigen uns immer wieder, »daß wir in zwei Wirklichkeiten leben, einer unserer konkreten Erfahrung, sowie einer des Anderen, nach dem wir unsere Erfahrung beurteilen und unsere Zukunft antizipieren«, schreibt der ehemalige Saarbrücker Psychologie-Professor Ernst Eduard Boesch (geboren 1916) in seiner lesenswerten Studie über die Sehnsucht: »Konkrete und alternative Wirklichkeit im Verbund erst machen unseren Weltbezug aus.«[59] Und dieser Weltbezug, der sich auf eine »doppelte« Wirklichkeit richtet – auf die konkret-manifeste und auf die »andere« ⟩⟩⟩ – ist ja nicht bloß kognitiv, sondern vor allem auch emotional, gefühlshaft.

Auch unter den Lebensbedingungen der Moderne, wie sie in diesem Buch skizziert und vor allem auch kritisiert worden sind, ist die Sehnsucht nach einem anderen – und, so hoffen wir, besseren – Leben lebendig und wirksam. Die technokratische Industriegesellschaft mit ihrem hemmungslosen Mobilitätskult treibt die Menschen – wie im letzten Kapitel geschildert! – tiefer und tiefer in die Vereinzelung hinein, in der immer mehr Männer und Frauen abends in ihrem Single-Haushalt wie gebannt auf die virtuelle Realität starren, die sie auf ihren Bildschirmen betrachten – aber in Straßenfesten und Open-Air-Konzerten, beim Public-Viewing zum Beispiel während einer Fußballweltmeisterschaft bricht sich das Bedürfnis nach Gemeinsamkeit eruptiv und kraftvoll seine Bahn: Es gehört eben zu den menschlichen Grundbedürfnissen, intensiv empfundene Emotionen mit Mitmenschen teilen zu können.

Wir könnten also sagen, meint Boesch an anderer Stelle (E. E. Boesch: »Das Andere«, in: Hugo Schmale u.a. (Hrsg.): Ortlose Moral, München 2011, S. 262), »dass sich der Wirklichkeit, in der wir leben und handeln, wie ein Schatten eine alternative Wirklichkeit hinzugesellt, ein Bild all dessen, was auch möglich wäre, eine Vorstellung von Alternativen, die uns entgangen sind, die wir vielleicht noch schaffen, oder die uns zustoßen könnten. Diese alternative Wirklichkeit beeinflusst die Art, wie wir unser konkretes Handlungsfeld beurteilen, sie trägt bei zu unserer Zufriedenheit oder unserem Ungenügen. Damit beeinflusst sie aber auch die Art, wie wir uns selber sehen, sie ist beteiligt an der Bildung unseres Selbstgefühls: Ich bin der, lässt sie uns sagen, der das Andere nicht geschafft hat oder der es noch schaffen muss. Das Andere, oder die alternative Wirklichkeit, wird zu einer Dimension unseres Ich ... Die Wirklichkeit unserer Welt wie unserer Person ist eine solche des Seienden wie des Möglichen.«

Künstler spielen auf der Klaviatur dieser Emotionen, bringen die Melodie unserer Motivation zu Gehör, halten der sozialen Wüste der Gegenwart zumindest bildhaft die Oasen einer anderen Welt entgegen. Zwei Dichter, die das in besonderer Weise vermocht haben, sollen deshalb jetzt ausführlich Gehör finden – als Sachwalter einer Gegenwelt, als Künder eines begehrenswerten Anderswo. Sie standen in innerer Beziehung zueinander, wie noch darzustellen sein wird, und es gibt dazu noch einen seltsamen historischen Zufall: Der eine von ihnen, Henry David Thoreau, ist genau 50 Jahre *vor* dem Untergang der »Titanic«, nämlich 1862, und der andere, Hermann Hesse, genau 50 Jahre *nach* dieser Katastrophe, 1962, gestorben ...

Natürlich ist das ein rein zufälliges Zusammentreffen, aus dem wir nicht viel schlussfolgern müssen. Wirklich wichtig sind auch nicht die Lebensdaten der beiden Dichter, sondern die gemeinsamen Einsichten, die Thoreau und Hesse – auf ihre je eigene Art – ihren Lesern nahezubringen versucht haben; Einsichten, die vielleicht eine ähnliche Wirkung haben könnten wie jene rettende rote Pille, mit deren Hilfe »Neo« das Wesen der lebensfeindlichen »Matrix« durchschauen lernt ...

Diesen beiden Männern soll nun also das Wort erteilt werden – wir wollen sehen, was wir von ihnen lernen können, wenn es gilt, der Bedrohung unserer Seele wirksam entgegenzutreten.

Aber halten wir zuvor noch einen Moment inne! Mit den Lesefrüchten aus dem Werk zweier Dichter gegen die »Matrix« des sekundären Systems ankämpfen zu wollen – ist das nicht lächerlich, ist das nicht hoffnungslos? Ist es nicht vollkommen unseriös, den Anschein erwecken zu wollen, in solchem Bemühen läge auch nur die geringste Hoffnung?

Ich kann eine solche Skepsis sehr gut verstehen. Und ich nehme es niemandem übel, der mir nicht folgen will, wenn ich sage: Gerade das Fantastische, das Unseriöse, das Abwegig-Versponnene – gerade das ist es, was mich überzeugt. Die seriöse Technik mit ihren Wunderwerken hat uns – siehe die Einleitung zu diesem Buch! – dem Untergang näher und näher gebracht. Für sie gilt, mit etwas veränderten Randbedingungen, just das, was der berühmte Philosoph Karl Jaspers (1883–1969) – wie Hermann Hesse nach dem Zweiten Weltkrieg ein hoch angesehener Repräsentant des »anderen Deutschland« und wie dieser in die Schweiz ausgewandert – auf dem Höhepunkt des Wettrüstens und des Ost-West-Konfliktes über die atomare Drohung gesagt hat:

»Die losgelöste Wissenschaft, wie sie faktisch ist und ständig fortschreitet, ist als solche weder menschlich noch vernünftig, sondern von neutraler Gleichgültigkeit außer gegen dies, das richtig sein soll, was sie findet. Die Motivation des Wissenschaftsbetriebes ist keineswegs notwendig verbunden mit der Humanität im Ursprung des eigentlichen Wissenwollens. ( … ) Da die Wissenschaft – als der Fortschritt der zwingenden Naturerkenntnis – ihren eigenen Sinn nicht begreifen und nie zureichend begründen kann, dass sie sein soll, ist sie auch unfähig, den Ausweg aus der Unheilsdrohung zu zeigen.«[60]

Vielleicht sind es deshalb ja gerade die Phantasten und Traumtänzer, denen die Zukunft gehört. Sie berichten uns singend von jenem »Anderen« … und gerade deshalb verdienen sie unser Vertrauen.

In diesem Sinn möchte ich Sie zunächst dazu verlocken, sich einem Autor anzuvertrauen, der vor mehr als 160 Jahren mit intellektueller Brillanz und in poetischen Worten, vor allem aber in bewundernswerter Radikalität die Lebenswelt der Moderne zu hinterfragen versucht hat.

# 1. Henry David Thoreau und die Kritik der modernen Geschäftigkeit

Henry David Thoreau, der Sohn eines Bleistiftfabrikanten, wird am 12. Juli 1817 geboren. Der aufgeweckte, neugierige, aber auch etwas verträumte Junge studiert nach dem Schulbesuch von 1833 bis 1837 an der Harvard-Universität. Danach versucht er sich als Lehrer, handelt sich aber rasch Ärger mit der Schulleitung ein, weil er sich weigert, seine Schüler mit körperlicher Gewalt zu züchtigen, was Thoreaus Vorgesetzte für »unerlässlich« halten. Mit seinem Bruder John gründet er daraufhin 1838 eine Privatschule, doch diese wird nach Johns Tod 1842 geschlossen. Kurz zuvor – im Jahr 1841 – hatte Thoreau den Dichter und Philosophen Ralph Waldo Emerson (1803–1882) kennengelernt. Auf einem Grundstück am Walden-See, nahe der kleinen Ortschaft Concord, das Emerson gehört, erbaut Thoreau sich ein kleines Blockhaus, das er am Unabhängigkeitstag der USA, am 4. Juli 1845 bezieht. Dort lebt er dann über zwei Jahre lang, nämlich bis zum 6. September 1847: alleine und auf sich selbst gestellt, aber keineswegs völlig abgetrennt vom Rest der Welt. Dieses Leben beschreibt er später in seinem berühmten Buch »Walden. Or life in the Woods«, das 1854 erscheint (mit einer Zeichnung seiner kleinen Hütte auf der Titelseite, die Thoreaus Schwester Sophia angefertigt hatte). Dass er während dieser Zeit der Welt nicht gleichgültig gegenüberstand, sondern an den politischen Geschehnissen ringsum durchaus regen Anteil nahm, zeigte sich mit besonderer Deutlichkeit schon nach rund einem Jahr Einsiedlerleben: Den Abend des 23. Juli 1846 muss Thoreau im Gefängnis verbringen, weil er sich weigert, dem Staat Massachusetts die seit vier Jahren rückständigen Steuern zu zahlen – mit seinen Steuern, so meinte er, würde er die Sklaverei und den damals von den USA geführten Angriffskrieg gegen das Nachbarland Mexiko unterstützen. Der Ortspolizist Sam Staples, der Thoreau zu verhaften hatte, bot dem renitenten Mitbürger an, ihm die strittige Summe nötigenfalls vorzustrecken; Thoreau lehnte dies ab und verbrachte eine Nacht in der Gefängniszelle von Concord. Seine Schulden wurden von einem Dritten beglichen – von wem, lässt sich heute nicht mehr ermitteln, möglicherweise war es seine bekümmerte Tante Maria – und Thoreau ist deshalb anderntags wieder freigelassen worden; später, am 26. Januar 1848 und noch einmal drei Wochen danach, hielt er Vorträge über diese Zahlungsverweigerung und seine Nacht im Gefängnis, die er zunächst unter dem Titel »The Resistance to Civil Government« zusammengefasst und als Broschüre veröffentlicht hat (1849); erst einige Zeit darauf erhielt das kleine Werk den Titel »Civil Disobedience« (auf Deutsch: »Über die Pflicht zum Ungehorsam gegen den Staat«). Es wurde schließlich zum Standardwerk des »zivilen Ungehorsams« und inspirierte unter anderem Mahatma Gandhi (1869–1948), der den Text während seiner zahlreichen Aufenthalte im Gefängnis stets bei sich geführt haben soll, und später den US-Bürgerrechtler Martin Luther King (1929–1968).

Als Thoreau am 2. Mai 1862 stirbt, hinterlässt er auch 39 Bände Tagebücher, die später vor allem wegen ihrer grandiosen Naturschilderungen ein großes Echo finden. An seinem Totenbett hat auch sein alter Freund Sam Staples gesessen, der ihn knapp 16 Jahre zuvor hatte verhaften müssen; Staples notiert: »Habe nie eine Stunde mit größerer Befriedigung verbracht. Habe nie einen Menschen mit so viel Freude und Frieden sterben sehen.«

Thoreaus Buch über seine zwei Jahre und zwei Monate »Hüttenleben im Walde« singt keineswegs bloß ein Loblied auf die Beschaulichkeit naturnahen Einsiedlerlebens: Es enthält viele kritische Gedanken über die Gegenwartsgesellschaft von 1850 und über ihre Wirtschaftsweise. Damit beginnt Thoreau schon auf den ersten Seiten: »Warum soll einer, kaum ist er geboren, damit anfangen, sich sein Grab zu schaufeln«, heißt es da (S. 8.): »Warum sich mit Hab und Gut abplagen, statt ein menschenwürdiges Leben zu führen, so gut es geht?« Und einige Zeilen später, noch auf derselben Seite: »Wer sich abrackert, ist in einem Irrtum befangen. Sein besseres Teil ist bald als Dünger unter den Boden gepflügt. Im Glauben, es sei dies des Menschen Los, dem niemand entgeht, müht er sich damit ab, Schätze zu sammeln, die die Motten und der Rost fressen und denen die Diebe nachgraben, um sie zu stehlen. Es ist eine Dummheit, so zu leben; das merkt jeder, wenn es ans Ende geht, wenn nicht schon vorher.«

Am Ende seiner Betrachtungen kehrt Thoreau aus- und nachdrücklich an diesen Ausgangspunkt zurück. Auf seine zwei Jahre in der kleinen Hütte am Walden-Teich zurückblickend, schreibt er:

»Aus meinem Wagnis habe ich zum mindesten das eine gelernt: Wer sich getrost von seinen Träumen leiten lässt und das Leben zu leben sucht, das ihm vorschwebt, dem ist ein Erfolg beschieden, wie er ihn gemeinhin nicht gewärtigt. Man lässt allerlei hinter sich, man überschreitet eine unsichtbare Grenze, und neue, allgemeine und freiheitlichere Gesetze kommen in einem und um einen herum zur Geltung; oder dann werden die früheren Gesetze in einem erweiterten Sinn ausgelegt, und man lebt in einem Zustand höherer Freiheit. Je mehr man sein Leben vereinfacht, um so übersichtlicher werden auch die Gesetze des Weltalls, und Einsamkeit ist dann nicht mehr Einsamkeit, Armut nicht mehr Armut und Schwäche nicht mehr Schwäche. Luftschlösser zu bauen, ist kein vergebliches Beginnen; man muss ihnen nur nachträglich ein Fundament verschaffen« (S. 453f.).

Ja, Thoreau ist der wahre Urheber des Leitsatzes »Vereinfache dein Leben!«, mit dem ein Bestseller-Autor des späten 20. Jahrhunderts so viel Furore zu machen wusste.[61] Und er wird nicht müde, immer wieder zu betonen, dass die Überfülle der Gegenstände, an die wir uns hängen, uns innerlich arm werden lässt, dass die Hektik und die Eile, die unsere Lebensgestaltung prägen, uns blind machen für das, worauf es wirklich ankommt – und er ermutigt uns, auf unser eigenes Tempo zu hören: »Warum haben wir es alle so verzweifelt eilig, zu Erfolg zu kommen, noch dazu in so verzweifelten Unternehmungen. Wenn einer nicht Schritt hält mit den anderen, rührt das vielleicht daher, dass er auf einen anderen Trommler hört. Jeder richte seine Schritte nach der Musik, die er vernimmt, mag sie noch so gemessen und leise klingen.« (S. 457) Mit besseren Worten kann man sich nicht gegen die moderne Tendenz verwahren, in seinem Leben und Leisten die meiste Zeit »other directed«, außengesteuert zu sein. Thoreaus Emphase, mit der er die Hinwendung zu den eigenen inneren Werten verficht, gipfelt in den berühmten poetischen Worten: »Lieber ein lebender Hund als ein toter Löwe! Soll einer hingehen und sich aufhängen, bloß weil er zum Menschenschlag der Pygmäen gehört, statt als Pygmäe so groß zu sein, wie er kann? Sehe jeder zu, dass er das ist, wozu er geschaffen wurde.« (Ebenda)

Seine Einsicht in die ökologischen Zusammenhänge der modernen Industriegesellschaft muten bisweilen prophetisch an. In seinem Vortrag »Leben ohne Prinzipien«, den er 1854 an mehreren Orten gehalten hat, heißt es unter anderem: »Wenn ein Mensch einmal einen halben Tag lang in den Wäldern spazieren geht, weil er sie liebt, dann besteht die Gefahr, dass er als Tagedieb angesehen wird; wenn er dagegen den ganzen Tag als Unternehmer zubringt und diese Wälder abhackt und die Erde vorzeitig kahl werden lässt, so wird er als fleißiger und unternehmungslustiger Bürger betrachtet.«[62]

Diese Welt ist ein Ort des Geschäfts – was für ein endloses Hasten, heißt es an anderer Stelle im selben Text. Diesem endlosen

Hasten setzt Thoreau jene Gelassenheit entgegen, die er selbst offenbar – siehe oben – auch im Angesicht des Todes noch bewahren konnte: Die Einsicht, dass es für ein gelingendes Leben auf die Erfahrungen ankommt, die man gemacht hat – nicht auf die Fülle der Dinge, die man besitzt. »Fahrt meinetwegen hinaus an den Rand der Welt«, heißt es im »Walden«, »was ihr an Ortsveränderung vor mir voraushabt, habe ich vor euch an Lebensveränderung voraus« (S. 451). Und das Buch endet mit den wundervollen Sätzen, die ich auch heute noch nicht ohne innere Bewegung lesen kann: »Nur der Tag bricht für uns an, den wir wachen Sinnes erleben. Und es will noch viel Tag herausdämmern. Die Sonne ist lediglich ein Morgenstern« (S. 469).

Die Nachwirkung des »Walden« war groß. »Die amerikanische Literatur, so kühn und großartig sie ist, hat kein schöneres und tieferes Buch aufzuweisen«, stellte etliche Jahre später Hermann Hesse fest.

# 2. Hermann Hesse und das Ringen mit der Ambivalenz

In Hermann Hesses Werk geht es immer wieder um jenes Thema, das auch das Leben des Dichters nachhaltig geprägt hat: um die innere Widersprüchlichkeit, Konflikthaftigkeit, um die Ambivalenz des Menschen und eben auch des Menschen Hermann Hesse.

Besonders deutlich wird die Ambivalenz in der Erzählung »Klein und Wagner«. Der Angestellte Friedrich Klein hat seine Familie verlassen und flieht mit unterschlagenem Geld, einen Revolver in der Tasche, nach Süden. Dabei plagt er sich damit, dass ihm immer wieder die Geschichte des Massenmörders Wagner in den Sinn kommt, und er fragt sich, was er mit diesem Menschen wohl gemeinsam haben könne. ❯❯❯

In seinem Hotel am Luganer See gibt er sich seinen weitschweifenden Gedanken hin:

»Niemals seit seiner Jugendzeit war Klein so unmittelbar und so einsam seinen Gefühlen überlassen gewesen, niemals so in der Fremde, niemals so nackt und senkrecht unter der unerbittlichen Sonne des Schicksals. Immer war er mit irgendetwas beschäftigt gewesen, mit etwas anderem als sich selbst, immer hatte er zu tun und zu sorgen gehabt, um Geld, um Beförderung im Amt, um Frieden im Hause, um Schulgeschichten und Kinderkrankheiten; immer waren große, heilige Pflichten des Bürgers, des Gatten, des Vaters um ihn her gestanden, in ihrem Schutz und Schatten hatte er gelebt, ihnen hatte er Opfer gebracht, von ihnen her war seinem Leben Rechtfertigung und Sinn gekommen. Jetzt hing er plötzlich nackt im Weltraum, er allein Sonne und Mond gegenüber, und fühlte die Luft um sich dünn und eisig« (S. 38).

»Ernst August Wagner erlangte im Jahr 1913 eine traurige Berühmtheit – als ›Mörder von Mühlhausen‹. Am 4. September 1913 war Wagner, schwäbischer Dorfschuldirektor und hoffnungsvoller Autor mehrerer Versdramen, früh wie jeden Morgen aufgestanden, hatte einen Knüppel genommen und seine Frau und vier Kinder erschlagen. Dann bestellte er drei Liter Milch für den folgenden Tag und machte sich mit dem Fahrrad auf den Weg nach Mühlhausen, der nächstgrößeren Stadt. Auf dem Weg gab er einige Briefe auf und besuchte die Familie seines Bruders. Sein kleiner Neffe zeigte ihm den neuen Kaninchenstall. Dann fuhr Wagner weiter. In Mühlhausen angekommen zündete er vier Häuser an, holte zwei Mauser-Pistolen aus seiner Reisetasche und schoss auf alle Männer, die er auf der Straße sah. Acht von ihnen wurden tödlich getroffen und zwölf weitere verwundet, bevor ein Polizist ihn überwältigte. Wagner war ruhig nach der Tat und zeigte keine Reue. Er hatte getan, was getan werden musste. Eine große Apokalypse stehe bevor, warnte er in den Briefen, die er vor seiner Tat verschickt hatte, ein kultureller Endkampf. Seine Familie hatte er aus Mitleid umgebracht, um ihnen die Konsequenzen seiner Tat und die kommenden Schrecken zu ersparen.«

Ich habe hier aus einem Artikel aus »Spiegel online« zitiert (28. Juli 2011), in dem nicht ganz zu Unrecht auf die Ähnlichkeit zwischen Ernst August Wagner und dem norwegischen Massenmörder Anders Behring Breivik hingewiesen worden war.

Wagner starb 1938 im Psychiatrischen Krankenhaus Winnenden. Der Psychiater Robert Gaupp, der Wagners Wahn aus seiner verdrängten Homosexualität und aus seiner ambivalenten Mutterbeziehung abgeleitet und dem mehrfachen Mörder deshalb Schuldunfähigkeit attestiert hatte, wurde dafür vielfach angefeindet: Unter anderem erhielt er die berühmte Postkarte: »Rindvieh, psychiatrisches!« Mit ähnlichen Reaktionen werden wohl auch die beiden norwegischen Psychiater zu rechnen haben, die den größenwahnsinnigen Massenmörder Breivik im November 2011 für unzurechnungsfähig erklärt haben.

Der jäh auf sich selbst zurückgeworfene Friedrich Klein ist freilich mutig genug, diese und jene Erfahrung zu machen – unter anderem mit einer Frau namens Teresina und in der Spielbank auf der anderen Seite des Sees, in Castiglione. Aber immer bleibt er sich fremd, gerät wieder und wieder in Feindschaft zu sich selber. Für einen kurzen Moment spielt er sogar mit dem Einfall, Teresina mit einem Messer zu töten – zum Mörder zu werden wie 1913 der Massenmörder Ernst August Wagner. »Nun stand er, Wagner, am Bett einer Schlafenden, und suchte das Messer! – Nein, er wollte nicht. Nein, er war nicht wahnsinnig! Gottseidank, er war nicht wahnsinnig. Nun war es gut. Es kam Friede über ihn. Langsam zog er seine Kleider an, die Hosen, den Rock, die Schuhe. Nun war es gut …« (S.87)

Der innere Friede, den Klein durch den Verzicht auf die Verwirklichung seiner mörderischen Impulse gefunden hat (»Nun war es gut«), führt ihn nun allerdings dazu, dem eigenen Leben ein Ende setzen zu wollen. Die letzten Sekunden des Ertrinkenden – Klein hat sich von einem Ruderboot ins Wasser des Luganer Sees gleiten lassen – schildert Hesse auf über vier Druckseiten in einem grandiosen Panorama, aus dem ein zentraler Bestandteil immer wieder deutlich hervorsticht:

»Es begann damit: Im Moment, wo er fiel, wo er einen Blitz lang zwischen Bootsrand und Wasser schwebte, stellte sich ihm dar, dass er einen Selbstmord begehe, eine Kinderei, etwas zwar nicht Schlimmes, aber Komisches und ziemlich Törichtes. Das Pathos des Sterbenwollens und das Pathos des Sterbens selbst fiel in sich zusammen, es war nichts damit. Sein Sterben war nicht mehr notwendig, jetzt nicht mehr. Es war erwünscht, es war schön und willkommen, aber notwendig war es nicht mehr. Seit dem Moment, seit dem aufblitzenden Sekundenteil, wo er sich mit ganzem Wollen, mit ganzem Verzicht auf jedes Wollen, mit ganzer Hingabe hatte vom Bootsrand fallen lassen, in den Schoß der Mutter, in den Arm Gottes – seit diesem Augenblick hatte das Sterben keine Bedeutung mehr. Es war ja alles so einfach, es war ja alles so wunderbar leicht, es gab keine Abgründe, gab keine Schwierigkeiten mehr. Die ganze Kunst war: sich fallen lassen! Das leuchtete als Ergebnis seines Lebens hell durch sein ganzes Wesen: sich fallen lassen! Hatte man das einmal getan, hatte man sich einmal dahingegeben, sich anheimgestellt, sich ergeben, hatte man einmal auf alle Stützen und jeden festen Boden unter sich verzichtet, hörte man ganz und gar nur noch auf den Führer im eigenen Herzen, dann war alles gewonnen, dann war alles gut, keine Angst mehr, keine Gefahr mehr. Dies war erreicht, dies Große, Einzige: er hatte sich fallen lassen ...« (S.92)

So weit die Novelle »Klein und Wagner« aus dem Jahr 1919. Erst im Tod findet der Zwiespalt, die innere Zerrissenheit des Betrügers und Flüchtlings Friedrich Klein ihr Ende, wobei die Selbsttötung hier – ganz explizit! – sozusagen nur als Spezialfall jenes Schrittes »über den Rand«, des Verzichts auf »festen Boden« und »alle Stützen« erscheint; ganz im Sinne eines anderen Dichters, Christian Dietrich Grabbe (1801–1836), der seinen Bühnenhelden Hannibal – übrigens auch unmittelbar vor seinem, Hannibals, Tod durch eigene Hand! – folgenden Satz sagen ließ: »Aus der Welt werden wir schon nicht fallen, wir sind nun einmal darin.«

Schon in seinem ersten Roman, »Peter Camenzind« (1904), hatte Hesse – damals 27 Jahre alt – seinen Lesern zugerufen, er beabsichtige, »den heutigen Lesern das großzügige, stumme Leben der Natur nahe zu bringen und lieb zu machen. Ich wollte sie lehren, auf den Herzschlag der Erde zu hören, am Leben des Ganzen teilzunehmen und im Drang ihrer kleinen Geschichte nicht zu vergessen, dass wir nicht Götter und von uns selbst geschaffen, sondern Kinder und Teile der Erde und des kosmischen Ganzen sind ... Ich wollte aber auch die Menschen lehren, in der brüderlichen Liebe zur Natur Quellen der Freude und Ströme des Lebens zu finden; ich wollte die

Kunst des Schauens und Genießens, die Lust am Gegenwärtigen predigen. Gebirge, Meere und grüne Inseln wollte ich in einer verlockend mächtigen Sprache zu euch reden lassen und wollte euch zwingen, zu sehen, was für ein maßlos vielfältiges, treibendes Leben außerhalb eurer Städte und Häuser täglich blüht und überquillt. Ich wollte erreichen, dass ihr euch schämet, von ausländischen Kriegen, von Mode, Klatsch, Literatur und Künsten mehr zu wissen als vom Frühling, der vor euren Städten sein unbändiges Treiben entfaltet, und als vom Strom, der unter euren Brücken hinfließt, und von den Wäldern und herrlichen Wiesen, durch welche eure Eisenbahn rennt ...«[63]

Diese Hinwendung zur Natur bleibt Hesse auch in den noch folgenden achtundfünfzig Jahren seines Lebens eine wichtige Daseinsressource. Zudem hat sie viele seiner Leser tief beeindruckt, so etwa Sigmund Freud, der sich – damals 62 Jahre alt – in einer Postkarte an Hermann Hesse (datiert vom 23. August 1918) als »Einer Ihrer Leser, der Ihrem Schaffen seit dem Peter Camenzind mit Genuß gefolgt ist ...«, bezeichnet hat.

Als Hesse 15 Jahre später seine Novelle »Klein und Wagner« veröffentlicht – er hat mittlerweile die Geburt dreier Söhne, eine gescheiterte Ehe und den Umzug aus Deutschland, das ihm während des Ersten Weltkrieges fremd geworden ist, in die Schweiz hinter sich – kommt zur Naturbegeisterung aber noch etwas Neues hinzu, eben das Wissen um die ja auch von ihm selber tief erlebte menschliche Widersprüchlichkeit und Ambivalenz, oder, wie es sein Bewunderer Stefan Zweig (1881–1942) mit Bezug auf eben jene Novelle genannt hatte, um den »ewig leidenschaftlichen Disput von Dunkel und Licht«. Hesse selbst bezeichnete den nach eigenem Bekunden in zehn Wochen geschriebenen Text in einem Brief vom 28. Juli 1919 als eine Novelle, »die den meisten meiner frühern Freunde Bauchweh machen wird, die aber gut und wichtig ist, zum Teil ein Bruch mit meiner eigenen Vergangenheit, zum Teil ein Neubeginn, in noch nicht betretene Gebiete hinein«.

Dieses Terrain wird er jetzt nicht mehr verlassen, er bleibt fortan der Chronist tiefer innerer Zerrissenheit, so im »Steppenwolf«, der 1927 erscheint, in »Narziß und Goldmund« (entstanden 1927 bis 1929, veröffentlicht 1930), so schließlich auch im genialen Alterswerk vom »Glasperlenspiel«, von dem gleich die Rede sein wird. Und immer bewegt ihn die Erkenntnis, dass wir niemals jemanden (oder etwas) finden werden, der (oder das) uns die Mühe des Suchens erspart – eine Mühe, bei der die Liebe zur Natur, der Eigensinn und die Skepsis gegenüber dem Getriebe der Welt unverzichtbare Ingredienzen sind.

Hesse war, wie Thoreau, ein gesellschaftskritischer, tendenziell auch gesellschaftsfeindlicher, aber keineswegs ein unpolitischer Mensch. In seiner »Psychologia Balnearia« aus dem Jahr 1923 (dem Jahr des Münchener Hitler-Putsches), später auch unter dem Titel »Kurgast« veröffentlicht, beschreibt er sich als »der alte, etwas gesellschaftsfeindliche Eremit und Sonderling Hesse, der alte Wanderer und Poet, der Freund der Schmetterlinge und Eidechsen, der alten Bücher und Religionen, jener Hesse, der sich der Welt entschlossen und kräftig gegenüberstellte und dem es ein tiefes Leid bereitete, wenn er sich von seiner Behörde einen Heimatschein ausstellen lassen oder auch nur den Zettel einer Volkszählung ausfüllen musste«.

Aber schon zehn Jahre später arbeitete er an dem noch einmal ein Jahrzehnt später, 1943, veröffentlichten »Glasperlenspiel«, das wie Thomas Manns zeitgleich entstandener »Dr. Faustus« eine tiefgreifende Auseinandersetzung mit dem während der Abfassung des Textes immer erfolgreicheren Nationalsozialismus darstellt, infolgedessen sich immer neue Änderungen des Werkes als notwendig erwiesen. Aus der Konfrontation mit der immer bedrohlicheren Veränderung Hitlerdeutschlands heraus ist das Rücktrittsgesuch des »Spielemeisters« (= »Ludi Magister«) Josef Knecht geschrieben, der von der Gelehrtenrepublik Kastalien seinen Abschied nimmt: »Wir können, wenn wir wollen, die Augen schließen, denn die Gefahr ist noch einigermaßen fern; vermutlich werden wir, die wir heute Magister sind, alle noch in Ruhe zu ende amten und uns in Ruhe zum Sterben legen können, ehe die Gefahr nahe kommt und allen sichtbar wird. Für mich jedoch, und wohl nicht für mich allein, würde diese Ruhe nicht die des guten Gewissens sein. Ich möchte nicht in Ruhe weiter mein Amt verwalten und Glasperlenspiele spielen, zufrieden damit, daß das Kommende ja wohl mich nicht mehr am Leben treffen werde. Nein, sondern mir erscheint es notwendig, mich zu erinnern, daß auch wir Unpolitischen der Weltgeschichte angehören und sie machen helfen.«

Aus dem »Glasperlenspiel« stammt auch das berühmte Gedicht »Stufen« mit dem Motto, dem das vorliegende Buch seinen Titel verdankt:

»Und jedem Anfang wohnt ein Zauber inne, der uns beschützt, und der uns hilft, zu leben … Wohlan denn, Herz, nimm Abschied und gesunde!«

Die großen Pläne des Josef Knecht bleiben indes unausgeführt, nach seinem Abschied von der Welt des Glasperlenspiels ertrinkt er beim Baden in einem See. »Wir sollen nicht aus der Vita activa in die Vita contemplativa fliehen, noch umgekehrt, sondern zwischen beiden wechselnd unterwegs sein, in beiden zu Hause sein«,[64] hat Hermann Hesse seinen »Glasperlenspielmeister« zuvor fordern lassen. Über drei Jahrzehnte später, 1975, schrieb der uns bereits bekannte Psychologe Ernst Eduard Boesch: »Der rhythmische Wechsel zwischen Aktivität und Kontemplation ist keine Erfindung östlicher Philosophie, sondern eine grundlegende psychologische Notwendigkeit (es blieb unserer Zeit vorbehalten, durch ihre Missachtung den Korb voll psychosomatischer Störungen zu ernten, den man etwa unter dem irreführenden Begriff der Manager-Krankheit zusammenfasst).«⁶⁵ Eben diese Notwendigkeit hatte Hesse mit großem Scharfsinn erkannt und beschrieben.

Manche Darlegungen Hesses wirken so, als bezöge er sich mit seinen Worten direkt auf Thoreau, etwa auf dessen Frage: »Warum haben wir es alle so verzweifelt eilig, zu Erfolg zu kommen?« Wie eine Antwort darauf wirkt die folgende überaus hellsichtige – und etwas längere – Passage, der er 1899 den Titel »Kleine Freuden« gegeben hatte:

»Die hohe Bewertung der Minute, die Eile, als wichtigste Ursache unserer Lebensform, ist ohne Zweifel der gefährlichste Feind der Freude. Daß diese Eiligkeit unseres heutigen Lebens uns von der frühesten Erziehung an angreifend und nachteilig beeinflusst, erscheint traurig, aber – notwendig. Leider aber hat sich diese Hast des modernen Lebens längst auch unserer geringen Muße bemächtigt; unsere Art zu genießen ist kaum weniger nervös als der Betrieb unserer Arbeit. ›Möglichst viel und möglichst schnell‹ ist die Losung. Daraus folgt immer mehr Vergnügung und immer weniger Freude. So wenig als andere weiß ich ein Universalrezept gegen diese Missstände. Ich möchte nur ein altes, leider ganz unmodernes Privatmittel in Erinnerung bringen: Mäßiger Genuß ist doppelter Genuß! Und: Übersehr doch die kleinen Freuden nicht. Also: Maßhalten! Mit der Gewohnheit des Maßhaltens ist die Genußfähigkeit für die ›kleinen Freuden‹ innig verknüpft. Denn diese Fähigkeit, ursprünglich jedem Menschen eingeboren, setzt Dinge voraus, die im modernen Tagesleben vielfach verkümmert und verlorengegangen sind, nämlich ein gewisses Maß von Heiterkeit, von Liebe und von Poesie. Jeden Tag so viel wie möglich von den kleinen Freuden erleben und die größeren, anstrengenderen Genüsse sparsam auf Feiertage und gute Stunden verteilen, das ist, was ich jedem raten möchte, der an Zeitmangel und Unlust leidet. Zur Erholung vor allem, zur täglichen Erlösung und Entlastung sind uns die kleinen, nicht die großen Freuden gegeben.«[66]

Für Hesse gehörte vor allem die Gartenarbeit zu diesen kleinen Freuden, auch das Wandern. Stärker sprudelnde Quellen der Freude waren ihm die Malerei, die Musik und gewiss auch der Wein. Was er bei alledem – und noch bei vielen anderen Betätigungen – an Ruhe und Befriedigung fand, genügte ihm freilich niemals zur Gänze, weshalb er auch niemals darauf verzichtete, weiter zu forschen und zu suchen, sich immer wieder dieser unnachlasslichen Mühe der Neu-Orientierung zu unterwerfen.

So bietet uns Hesse verschiedene Wege an, uns mit unserer inneren Widersprüchlichkeit, ja Zerrissenheit auseinanderzusetzen und uns zumindest tendenziell mit ihr zu versöhnen – dies gerade, indem wir anerkennen, dass wir nie mit ihr »fertig« werden, es sei denn im Tod. Unsterblichkeit, eine Verlängerung des Lebens über das Sterben hinaus bis ins Unendliche, ist freilich nicht notwendig – und auch gar nicht erstrebenswert. Der Lebenskünstler Hesse hat bei der Gartenarbeit über Sterben und Weiterleben nachgedacht:

»In meinem kleinen Garten säe ich voller Frühlingserwartung Bohnen und Salat, Reseden und Kressen, und dünge sie mit den Resten ihrer Vorgänger, denke an diese zurück und an die kommenden Pflanzengeschlechter voraus. Wie jedermann nehme ich diesen wohlgeordneten Kreislauf hin als eine selbstverständliche und im Grunde innig schöne Sache; und nur zuweilen kommt mir im Säen und Ernten für Augenblicke in den Sinn, wie merkwürdig es doch ist, daß von allen Geschöpfen der Erde nur allein wir Menschen an diesem Lauf der Dinge etwas auszusetzen haben und mit der Unsterblichkeit aller Dinge nicht zufrieden sind, sondern für uns eine persönliche, eigene, besondere haben wollen ...«[67]

Im Verlangen nach Unsterblichkeit zeigt sich, wie maßlos, wie unbescheiden viele Menschen der Natur gegenübertreten, von der sie doch nur ein Teil sind, allerdings einer, der sich gerne zum »Herren des Ganzen« aufschwingt. Es kann wohl nur Angst sein, Angst vor der eigenen Vergänglichkeit, die zu dieser Großmannssucht, zu dieser Herrenmenschenattitüde verführt. Wir können sie überwinden, indem wir uns fallenlassen – nicht unbedingt ins Wasser und in den Tod, sondern besser ins Leben, aber in ein Leben, das um seine Grenzen weiß und diese nicht nur akzeptieren, sondern auch respektieren kann. Ein Leben, das eben deshalb nicht vor sich selber in irgendwelche Nebelwelten flüchten muss …

# 3. Was bleibt aber ...?

Was hat uns berührt an den Darlegungen der beiden hier zitierten Dichter? Wo haben sie es vermocht, eine Saite in unserem Inneren zum Klingen zu bringen, wo ist es zum Phänomen der »Resonanz« gekommen, wie wir es aus der Physik kennen? Solche Resonanz kommt ja immer dann zustande, wenn – physikalisch gesprochen – die anregende Frequenz mit der Eigenfrequenz übereinstimmt – auf unser Beispiel angewendet: Wenn die poetischen Texte eines Thoreau oder eines Hesse sich zur Deckung bringen lassen, eine Entsprechung finden in den stillen Nöten unserer bedrängten, sich aber nach Hilfe sehnenden Seele.

Natürlich können Sie diese Fragen nur in ganz eigener Manier jeweils für sich beantworten. Es mag Ihnen aber hilfreich sein, zu erfahren, inwieweit ich selber aus der Lektüre von Thoreau und Hesse, vor allem aber aus der schöpferischen Aneignung ihrer Gedanken und aus dem Versuch, sie in mein eigenes Leben zu integrieren, Anregungen habe beziehen können.

Zuallererst wäre da zu erwähnen, dass mich bei beiden Autoren der Zusammenhang von Leben und Werk besonders berührt hat. Sie haben damit gewissermaßen ein Gesamtkunstwerk geschaffen. Das soll nicht heißen, dass mir die Lebensführung eines Thoreau oder eines Hesse je zum unmittelbaren Vorbild gedient hätte (allerdings war in den Achtzigerjahren der Plan schon recht weit gediehen, mich gemeinsam mit meiner Frau für ein Jahr auf eine einsame Tiroler Almhütte zurückzuziehen, um dort, zivilisationsfern, den Ablauf der Jahreszeiten möglichst »hautnah« miterleben zu können; gesundheitliche Probleme, die diese Abgeschiedenheit nicht ratsam erscheinen ließen, und dann die Schwangerschaft meiner Frau und die Geburt unseres ersten Sohnes haben die Realisierung des Projektes dann verhindert …). Dennoch beeindruckt mich, in welch hohem Maße sie beide das, was sie niedergeschrieben haben, auch selber zu leben vermochten. Größer könnte der Kontrast zu dem (oben bereits zitierten) sarkastischen Satz des römischen Philosophen Seneca nicht sein, der Wegweiser gehe ja durchaus nicht selber jenen Weg, den er den anderen weise …

Aus Thoreaus Werk hat vor allem der Ratschlag »Vereinfache dein Leben« in meine alltägliche Lebenspraxis Eingang gefunden. »Überflüssiger Reichtum bringt nur überflüssige Dinge ein«, heißt es bei ihm. »Für das, was der Seele nottut, ist kein Geld erforderlich.« (S. 462)

Und in der Tat: Wie viele überflüssige Gerätschaften umgeben uns, mit wie viel Plunder und Trödel belasten wir Gegenwartsmenschen uns Tag für Tag, erliegen der Faszination technischer Neuerungen und lassen uns blenden von dem, was angeblich neu und großartig ist. Wir meinen, dies und jenes noch unbedingt zu benötigen – oft genug nur deshalb, weil andere es besitzen und wir deshalb schlussfolgern, dass auch wir es gut gebrauchen könnten, ohne wirklich über unsere eigenen Bedürfnisse nachgedacht zu haben! –, dann beschaffen wir es und verwahren es irgendwo in einem Schrank, möglicherweise, ohne es je zu benutzen. Wie oft beruht die vermeintliche Großartigkeit neuer Errungenschaften nur darauf, dass wir nicht genau hinsehen, dass wir einer optischen Täuschung zum Opfer fallen. 〉〉〉

Thoreau betont demgegenüber den Willen zu einer autonomen, partiell – aber durchaus nicht durchgängig – sogar autarken Lebensführung, weil er weiß, dass die Fülle der Dinge uns innerlich verarmen lässt. Diese Gefahr besteht jedenfalls dann, wenn unser Verhältnis zu den Dingen nicht durch unsere emotionale Autonomie (diesen Begriff kannte Thoreau noch nicht) bestimmt wird, sondern

Hierzu hat sich, am zitierten Ort, auch Georg Simmel recht deutlich ge-
äußert:

»Gewiß haben wir jetzt statt der Tranlampen Azetylen und elektrisches
Licht; allein der Enthusiasmus über die Fortschritte der Beleuchtung vergißt
manchmal, daß das Wesentliche doch nicht sie, sondern dasjenige ist, *was*
sie sichtbar macht; der förmliche Rausch, in den die Triumphe von Telegra-
phie und Telephonie die Menschen versetzt haben, läßt sie oft übersehen,
daß es doch wohl auf den Wert dessen ankommt, was man mitzuteilen hat,
und daß demgegenüber die Schnelligkeit oder Langsamkeit des Beförde-
rungsmittels sehr oft eine Angelegenheit ist, die ihren jetzigen Rang nur
durch Usurpation erlangen konnte. Und so auf unzähligen Gebieten.«
(S.548)

umgekehrt die Dinge in der Lage sind, unseren »Gefühlshaushalt« maßgeblich zu beeinflussen.

Thoreau ist beeindruckend in seiner Absage an die Hektik der Erwerbsgesellschaft, in seiner konsequent auf die eigene Innenwelt hin ausgerichteten Lebensführung, die ihm augenscheinlich – jedenfalls nach dem Urteil der Zeitgenossen, insbesondere des Dorfpolizisten – auch ein Sterben in Ruhe und Heiterkeit ermöglicht hat. Es soll aber auch nicht verschwiegen werden, was mich an seinem Werk irritiert: dass das Thema Sexualität nahezu völlig ausgeklammert bleibt. Natürlich ist es Thoreaus gutes Recht, zu diesen Aspekten seines Lebens zu schweigen – aber es ist auch mein gutes Recht, nachdenklich zu werden angesichts der Hartnäckigkeit dieses Schweigens. Über die Liebe sagt er kaum etwas, von der Erotik gar nichts, und der Grundton, die »Atmosphäre« seines Buches lässt mich vermuten, was ich aus naheliegenden Gründen eben nur vermuten und keinesfalls beweisen kann: dass hier eine Vermeidung vorliegt. Gut möglich, dass sich hinter dem Schutzwall des Schweigens Lebensprobleme verbergen, mit denen auch Thoreau nicht so recht ins Reine gekommen ist.

Was nun Hermann Hesse anbetrifft, so sollte ich vielleicht noch vorausschicken, dass es, neben dem Lesen und Aneignen seiner Werke, auch der Besuch der beiden Hesse-Museen in Gaienhofen am Bodensee und in Montagnola im Tessin gewesen ist, der mich zutiefst beeindruckt hat. Diese beiden Orte besitzen eine ungeheuer starke, fast magisch zu nennende Ausstrahlung, der sich auszusetzen ich allen, die diese Zeilen gelesen haben, nur nachdrücklich empfehlen kann.

Aus Hesses Werk, aber auch aus seinem Leben können wir erfahren, dass unser Dasein niemals eine eindeutige Angelegenheit ist – und auch nicht dazu werden kann. 〉〉〉 Warum auch? Wer die Vielschichtigkeit der eigenen Existenz, wer die unausweichlichen

Es soll keineswegs verschwiegen werden, dass es auch in Hesses Leben so manche Windung und Wendung gibt, die mir fremd, und einige Fakten, die mir schlicht unsympathisch sind. Dazu gehört beispielsweise, wie er seine Kinder behandelt hat: Der dritte Sohn war eben erst geboren, als Hesse die Familie verließ, um zu seiner großen Indienfahrt aufzubrechen ... Ob sein rücksichtsloses Verhalten dazu beigetragen hat, dass sich die »Gemütskrankheit« seiner Frau – deretwegen die Ehe geschieden wurde – schließlich verschlechtert hat, lässt sich aus heutiger Sicht nicht mehr entscheiden, ist aber, wie ich finde, eine durchaus berechtigte Frage.

Konflikte des ihr innewohnenden Seelenlebens begradigen und stillstellen möchte, wird dafür Gewalt anwenden müssen – und am Ende dennoch scheitern. Viel sinnvoller wäre es, diese Ambivalenz, diese Widersprüchlichkeit mit Gelassenheit zu ertragen und zu lernen, sie in kreative, schöpferische Bahnen zu lenken: ein Weg, der jedem Menschen offensteht, wenn er sich nicht durch überdimensionierte Ansprüche an sich selbst, durch unmäßiges Leistungsdenken selbst terrorisiert. Auch Hesse ist zutiefst überzeugt, dass die hierfür nötige Kraft und Energie »von innen« kommt. Sein Werk ist eigentlich eine einzige, beständig variierte Hinwendung zu diesem Innen, zu seiner Zwiespältigkeit, zu seiner Ambivalenz. Und es zeigt uns, dass es »draußen« nichts gibt, woran wir uns auf Dauer festhalten können.

Auch unser eigenes Leben ist letztlich nichts anderes als eines jener flüchtigen Muster, die der Wind in den Sand malt. Man mag aus solchen Mustern herauslesen, was immer man will – sicher ist nur das eine: dass sie fast ebenso rasch vergehen, wie sie entstanden sind.

Eine »Essenz«, eine »Summe« aus Hesses Schaffen, das von seinem Leben – wie schon erwähnt – nicht zu trennen ist, stellt für mich sein Gedicht »In Sand geschrieben« dar, mit dem dieses Kapitel deshalb seinen Abschluss finden soll:

# In Sand geschrieben

Daß das Schöne und Berückende
Nur ein Hauch und Schauer sei,
Daß das Köstliche, Entzückende,
Holde ohne Dauer sei:
Wolke, Blume, Seifenblase,
Feuerwerk und Kinderlachen,
Frauenblick im Spiegelglase
Und viel andre wunderbare Sachen,
Daß sie, kaum entdeckt, vergehen,
Nur von Augenblickes Dauer,
Nur ein Duft und Windeswehen,
Ach, wir wissen es mit Trauer.
Und das Dauerhafte, Starre,
Ist uns nicht so innig teuer:

Edelstein mit kühlem Feuer,
Glänzendschwere Goldesbarre;
Selbst die Sterne, nicht zu zählen,
Bleiben fern und fremd, sie gleichen
Uns Vergänglichen nicht, erreichen,
Nicht das Innerste der Seelen.

Nein, es scheint das innigst Schöne,
Liebenswerte dem Verderben
Zugeneigt, stets nah am Sterben,
Und das Köstlichste: Die Töne
Der Musik, die im Entstehen
Schon enteilen, schon vergehen,
Sind nur Wehen, Strömen, Jagen
Und umweht von leiser Trauer,
Denn auch nicht auf Herzschlags Dauer,
Lassen sie sich halten, bannen;
Ton um Ton, kaum angeschlagen,
Schwindet schon und rinnt von dannen.

So ist unser Herz dem Flüchtigen,
Ist dem Fließenden, dem Leben
Treu und brüderlich ergeben,
Nicht dem Festen, Dauertüchtigen.
Bald ermüdet uns das Bleibende,
Fels und Sternwelt und Juwelen,
Uns in ewigem Wandel treibende
Wind- und Seifenblasenseelen,
Zeitvermählte, Dauerlose,

*Denen Tau am Blatt der Rose,*
*Denen eines Vogels Werben,*
*Eines Wolkenspieles Sterben,*
*Schneegeflimmer, Regenbogen,*
*Falter, schon hinweggeflogen,*
*Denen eines Lachens Läuten,*
*Das uns im Vorübergehen*
*Kaum gestreift, ein Fest bedeuten*
*Oder wehtun kann. Wir lieben,*
*Was uns gleich ist, und verstehen,*
*Was der Wind in Sand geschrieben.*

»In Sand geschrieben« aus: Hermann Hesse, Sämtliche Werke in 20 Bänden. Herausgegeben von Volker Michels. Band 10: Die Gedichte. © Suhrkamp Verlag Frankfurt am Main 2002. Alle Rechte bei und vorbehalten durch Suhrkamp Verlag Berlin.

# Nachwort

»Wacht auf – denn eure Träume sind schlecht! Bleibt wach – weil das Entsetzliche näher kommt«, rief der heute leider weitgehend vergessene, zu seiner Zeit aber recht einflussreiche Dichter Günter Eich (1907–1972) im Jahr 1953 seinen Lesern zu. Die Mahnworte waren damals vor allem als Warnruf angesichts des atomaren Wettrüstens zu verstehen; rund 70 Jahre später taugen sie auch als Appell angesichts der Technisierung des Lebens schlechthin, deren schädliche Auswirkungen auf die menschliche Seele das vorliegende Buch hat untersuchen wollen:

»Nein, schlaft nicht, während die Ordner der Welt geschäftig sind!

Seid mißtrauisch gegen ihre Macht, die sie vorgeben für euch erwerben zu müssen. Wacht darüber, daß eure Herzen nicht leer sind, wenn mit der Leere eurer Herzen gerechnet wird! Tut das Unnütze, singt die Lieder, die man aus eurem Mund nicht erwartet! Seid unbequem, seid Sand, nicht das Öl im Getriebe der Welt!«

Sand im Getriebe der Welt? Und warum? Mit welchen Zielen, zu welchen Zwecken?

»Die Aussichten für eine rechtzeitige Heilung des kranken Verhältnisses zwischen den Industriegesellschaften und der Umwelt sind schlecht«, schrieb der Psychoanalytiker Wolfgang Schmidbauer schon 1982. »Die zweckrationale, individuelle Beherrschung der Natur, die im Bürgertum entstanden ist, hat eine kaum wieder rückgängig zu machende Faszination. Verzicht auf diese Kontrolle weckt tiefe, kaum beherrschbare Ängste.« Und dennoch meint Schmidbauer – und ich stimme ihm auch heute noch, dreißig Jahre später, zu – vor falschen Alternativen warnen zu müssen: »Das heißt jedoch nicht, dass es nur die Wahl gibt zwischen einer Verleugnung der drohenden Katastrophe oder Verzweiflung.«[68]

Schmidbauer hatte im hier zitierten Buch ein schönes Bild für diesen nur vage beschreibbaren Zwischen-Zustand zwischen Verleugnung (und dem aus ihr oft resultierenden Zweckoptimismus) und Verzweiflung gefunden:

»Mir scheint, daß es oft wichtig ist, die Dunkelheit zuzulassen, aus der wir kommen und in die wir gehen. Die Monokultur der Verwertbarkeit, der Herrschaft und Kontrolle tut häufig so, als könnte sie uns dieses Dunkel ersparen, indem sie davon ablenkt. So fangen wir an, dieses Dunkel als feindlich zu erleben, und damit auch das Unbewußte als feindlich. Die Therapeuten, die sich als kundige Führer durch dieses Nachtmeer anbieten, haben natürlich zum Teil auch ein Interesse, diesen Eindruck aufrechtzuerhalten.« Sich davon abgrenzend, fügt er wenige Zeilen später an: »Das Ziel der Therapie ist dann nicht mehr Heilung, sondern emotionales Überleben in einer Welt, deren grundlegende Strukturen lebensfeindlich sind.«[69]

Für dieses emotionale Überleben hilfreich zu sein – just das ist auch Ziel meines Buches. Wobei emotionales Überleben auch bedeutet, dass wir (wieder) lernen, auf die innere Stimme – oder in Thoreaus Worten: auf den eigenen Trommler – zu hören, und misstrauisch werden gegen jene Gefühle, die uns von außen aufgedrängt werden sollen. Gerade die »Bedeutungsmaschine« des »sekundären Systems« will uns ständig die von ihr inszenierten Gefühle oktroyieren, was natürlich das hauptsächliche Ziel verfolgt, uns zu lenkbaren und willfährigen Konsumenten zu formen. Aber Gefühle sind in ihrem Wesen autonom und autochthon, ihre Inszenierung raubt ihnen gerade das Wesentliche, auch wenn sie vordergründig mitreißend und anrührend sein mag. Auch an diesem Punkt kann ich Wolfgang Schmidbauer noch einmal eine gehörige Strecke folgen:

»Während die etablierten Einrichtungen der Industriegesellschaft dadurch funktionieren, daß sie Gefühle geringschätzen und sich auf Sachzwänge berufen, sind die Entscheidungen für die ›Alternativen‹ emotional begründet. Die emotionale Seite aller Menschen in diesen Gesellschaften ist ›alternativ‹, sie wird aber durch die herrschende Geringschätzung zum Schweigen gebracht. Auch die Wähler der Technokraten, ja die Technokraten selber haben eine bessere Gefühlsbeziehung zu Wiesen, Wäldern und klaren Flüssen als zu Trabantenstädten, Schnellstraßen und Kanälen. Sie haben nur gelernt, ihre Gefühle zu verachten, und gefühlsbezogene Argumente desgleichen.

Jeder Schritt, der zu mehr emotionaler Autonomie führt – also zu mehr Bereitschaft, nach dem zu handeln, was wir unabhängig von allen äußeren Gehirnwäschen als innerlich richtig für uns selbst fühlen – ist ein Schritt zum Überleben. Er bietet nicht viel Hoffnung und keine Sicherheit des Erfolgs. Er wird kaum unseren Ansprüchen standhalten, die an maschinenmäßiger Vollkommenheit orientiert sind. Aber er ist, wenn schon nicht gut, so doch das Beste, was wir tun können.«[70]

Das Bemühen um emotionale Autonomie als Widerstand gegen die immer mächtigere Außensteuerung – das ist die beste Art, sich Fluchtwege freizuhalten, auch wenn es sich meist nur um »kleine Fluchten« handelt: Sie sind allemal besser als nichts. Um diesem Ziel näherzukommen, ist ein »Vier-Punkte-Programm« völlig ausreichend, ein Programm, für das zutrifft, was Wladimir Ilijtsch Lenin (1870–1924) über den Sozialismus gesagt haben soll: »Das Einfache, das schwer zu machen ist …«

Zwei der Programmpunkte sind mehr nach außen, zwei nach innen gerichtet (und wer das letzte Kapitel aufmerksam studiert hat, wird für die ersten beiden Zuspruch vor allem bei Thoreau, für die beiden anderen vor allem bei Hesse finden …).

Kurz und bündig gesagt, sollte es all jenen, die nach größerer emotionaler Autonomie streben und sich vom Einfluss des »sekundären Systems« unabhängiger machen wollen, um schrittweise Veränderung auf den folgenden vier Themenfeldern gehen:

》 ERSTENS um eine wirksame Reduktion der uns beständig anflutenden, überstimulierenden Menge von Außenreizen;

⟩ ZWEITENS um eine einschneidende, dauerhafte und nachhaltig wirksame Vereinfachung der alltäglichen eigenen Lebenspraxis;

⟩ DRITTENS um die Wieder-Verfügbarkeit über ausreichend Zeit zur Muße, zur Besinnlichkeit und zur Selbstreflexion;

⟩ und VIERTENS um den nötigen Respekt für die eigene innere Ambivalenz, für die Vielschichtigkeit und Mehrdimensionalität des zu erforschenden eigenen Seelenlebens.

Und das soll alles sein?

Ja, das ist aus meiner Sicht alles – das ganz Einfache, das indes so schrecklich schwer zu verwirklichen ist. Um eine Anekdote aus einem uns fremden Kulturkreis zu zitieren: Es verhält sich ganz ähnlich wie bei jenem buddhistischen Mönch, der seinen Zen-Meister fragte:»Meister, wie kann ich die Buddha-Natur erlangen?« Der Meister antwortete:»Geh und wasche deine Ess-Schüssel!«

# Anmerkungen

1 Lesenswert zu diesem Thema, wenngleich ein wenig reißerisch aufgemacht, ist Jörg Schindler: Öldämmerung. Deepwater Horizon und das Ende des Ölzeitalters, München 2011

2 Nachzulesen in: *SPIEGEL Online*, 12. Mai 2010, Marc Pitzke: »US-Ölkatastrophe. Bohr-Bosse setzen auf Ausflüchte«

3 Vgl. Bertram Brökelmann: *Die Spur des Öls. Sein Aufstieg zur Weltmacht*, Berlin 2010

4 Süddeutsche Zeitung, 20. August 2011. In der hier veröffentlichten Rangliste der 50 umsatzstärksten Unternehmen des Jahres 2010 lagen auf den ersten vier Plätzen drei Ölkonzerne, und zwar Exxon Mobil (Platz 2), Royal Dutch Shell (Platz 3) und eben BP auf dem vierten Platz. Die Zeitung kommentierte dies in ihrer Überschrift sehr treffend: »Umweltsünder ganz vorne. Lecks in der Nordsee, die Katastrophe im Golf von Mexiko: Die Ölindustrie hat ein miserables Image. Doch die Konzerne verdienen weltweit glänzend.«

5 *SPIEGEL Online*, 6. Juli 2011, Cinthia Briseño: »Sicherheitsmängel. Dokumente enthüllen Unfälle auf Nordsee-Bohrinseln«

6 *SPIEGEL Online*, 13. Juli 2011, »Chinesische Öllecks. Stille Katastrophe in der Bohai-Bucht«

7 Julia Kristeva: *Die neuen Leiden der Seele*, Hamburg 1994, S. 13 f.

8 Arthur Schnitzler: *Jugend in Wien: Eine Autobiographie*, München 1971, S. 219 f.

9 Alex Rühle: *Ohne Netz. Mein halbes Jahr offline*, Stuttgart 2010, S. 12

10 Vgl. Peter Fiedler: »Jung, attraktiv – asexuell«, in: *Gehirn & Geist*, 14.3.2008

11 Ebenda

12 Diskussionsbeitrag von Martin Altmeyer bei den »Schwarzenberger Herbstgesprächen«, 2007. Die Theorie dazu in Martin

Altmeyer: *Narzissmus und Objekt. Ein intersubjektives Verständnis der Selbstbezogenheit*, Göttingen 2004

13 Einen guten Überblick zu diesem Thema geben Andreas Hillert und Michael Marwitz: *Die Burnout-Epidemie oder: Brennt die Leistungsgesellschaft aus?* München 2006

14 Alain Ehrenberg: *Das erschöpfte Selbst*, Frankfurt/M. 2004

15 Ebenda

16 Ebenda

17 Ebenda

18 Aldous Huxley: *Schöne neue Welt*, Frankfurt/M. 2009

19 Wolfgang König: *Geschichte der Konsumgesellschaft. Vierteljahrschrift für Sozial- und Wirtschaftsgeschichte*, Stuttgart 2000

20 Peter Gross: *Die Multioptionsgesellschaft*, Frankfurt a.M. 1994

21 Norbert Elias: *Über den Prozess der Zivilisation*, Frankfurt/M. 1987, S. 178

22 Zitiert aus *Wikipedia*, Stichwort »Matrix«, Zugriff am 26. Juli 2011

23 Hans Saner: *Von den Gefahren der Identität für das Menschsein*, in: Gaetano Benedetti/Louis Wiesmann: *Ein Inuk sein. Interdisziplinäre Vorlesungen zum Problem der Identität*, Göttingen 1986, S. 46

24 »Freundschaft bei eBay versteigert«: www.onlinekosten. de/news/artikel 13.09.2004

25 Martin Simons: *Vom Zauber des Privaten. Was wir verlieren, wenn wir alles offenbaren*, Frankfurt/M. 2009, S.134

26 Ebenda, S. 134

27 Daniel Glattauer: *Gut gegen Nordwind*, München 2008

28 Ich benutze die Begriffe Affekt und Emotion in diesem Buch als gleichbedeutend. Nähere Ausführungen dazu in Till Bastian: *Die Seele als System. Wie wir wurden, was wir sind*, Göttingen 2010

29 Leider konnte ich dieses Zitat trotz eingehender Suche in Wolfgang Schmidbauers doch recht umfänglichem Werk nicht ermitteln. Möglicherweise kommt ein entscheidender Hinweis ja von der Leserschaft – das sollte mich freuen …

30 *T-online-Nachrichten*, 16. Januar 2004

31 Itzhak Fried: *Syndrome E*, Lancet 1997; 350: 1845 – 47

32 Martin Altmeyer: »Heldenplatz« und »Rampage killing«, in: Altmeyer: *Im Spiegel des Anderen*, Gießen 2003

33 Sie werden ausführlich erläutert in Till Bastian: *Die Seele als System. Wie wir wurden, was wir sind*, Göttingen 2010

34 »Alles so schön bunt hier. Gehirn-Scans sagen viel weniger aus, als in sie hineininterpretiert wird«, *Die Zeit*, 16. August 2007

35 Stephan Schleim: *Die Neurogesellschaft. Wie die Hirnforschung Recht und Moral herausfordert*, Hannover 2011

36 Wolf Singer, in: Christa Geyer (Hrsg.): *Hirnforschung und Willensfreiheit. Zur Deutung der neuesten Experimente*, Frankfurt / M. 2004

37 12. September 1996

38 Zur Kritik daran vgl. Wolfgang R. Köhler und Hans-Dieter Mutschler (Hrsg.): *Ist der Geist berechenbar? Philosophische Reflexionen*, Darmstadt 2003

39 Marvin Minsky: *Mentopolis*, Stuttgart 1988 / 1990, S. 306

40 Volker Rittner: »Psychosomatik und Zivilisierung«, in: Gerd Jüttemann u.a. (Hrsg.): *Die Seele. Ihre Geschichte im Abendland*, Weinheim 1991, S. 519 ff.

41 *SPIEGEL-Online* von Katrin Kruse, 30. August 2011

42 Der Begriff der »neolithischen Revolution« stammt von dem australischen Archäologen Vere Gordon Child 1892–1957

43 Imogen Seger: *Wenn die Geister wiederkehren. Weltdeutung und religiöses Bewusstsein in primitiven Kulturen*, München 1982, S. 67

44 Jean Liedloff: *Auf der Suche nach dem verlorenen Glück. Gegen die Zerstörung unserer Glücksfähigkeit in der frühen Kindheit*, München 2009. Bei einem anderen vermeintlich ethnographischen Bestseller mit stark romantisierenden Zügen, *Traumfänger* von Marlo Morgan, stellte sich schließlich heraus, dass das Buch von A bis Z erfunden ist!

45 Wolfgang Reinhard: *Lebensformen Europas. Eine historische Kulturanthropologie*, München 2004, S. 144

46 Richard Thurnwald: *Economics in Primitive Communities*, Oxford 1932, S. 278

47 Reinhard 2004, S. 258

48 Christoph Antweiler: *Mensch und Weltkultur. Für einen realistischen Kosmopolitismus im Zeitalter der Globalisierung*, Bielefeld 2011

49 Irenäus Eibl-Eibesfeldt: »Universalien im menschlichen Sozialverhalten«, in: Hans Rössner (Hrsg.): *Der ganze Mensch. Aspekte einer pragmatischen Anthropologie*, München 1986, S. 85

50 Süddeutsche Zeitung, 23. Juni 2006

51 Miriam Meckel: *Das Glück der Unerreichbarkeit. Wege aus der Kommunikationsfalle*, Hamburg 2007

52 *DIE ZEIT*, 28. April 2011

53 Georg Simmel: *Philosophie des Geldes* (1900), Köln 2001 (Reprint der Auflage von 1921), S. 494 f.

54 Ebenda, S. 543

55 Ebenda, S. 550

56 Helmut Creutz: *Das Geld-Syndrom. Wege zu einer krisenfreien Marktwirtschaft*, München 1993, S. 118

57 »Die Welt ist alles, was der Fall ist«, so lautet der berühmte erste Satz seines »Tractatus logo-philosophicus«, der während des Ersten Weltkriegs geschrieben worden ist (Ludwig Wittgenstein: *Logisch-philosophische Abhandlung*, Frankfurt / M. 2003,

S. 9). Wittgenstein wurde 1889 geboren, war also altersgleich mit Adolf Hitler, und es gab eine Menge Mutmaßungen darüber, ob die beiden so grundverschiedenen Männer einander eventuell einmal begegnet sein könnten.

58 Ekkehart Krippendorf: *Staat und Krieg. Die historische Logik politischer Unvernunft*, Frankfurt / M. 1985, S. 300

59 Ernst E. Boesch: *Sehnsucht. Von der Suche nach Glück und Sinn*, Bern 1998, S. 30

60 Karl Jaspers: *Die Atombombe und die Zukunft des Menschen*, München 1961, S. 175

61 Werner Tiki Küstenmacher / Lothar J. Seiwert: *Simplify your life. Einfacher und glücklicher leben*, Frankfurt / M. 2001

62 Henry David Thoreau: *Über die Pflicht zum Ungehorsam gegen den Staat und andere Essays*, Zürich 1973, S. 39

63 Hermann Hesse: *Peter Camenzind*, Frankfurt / M. 1974, S.110

64 Hermann Hesse: *Das Glasperlenspiel*, Frankfurt / M. 1979, S. 257

65 Ernst E. Boesch: *Zwischen Angst und Triumph. Über das Ich und seine Bestätigung*, Bern 1975, S. 81

66 Hesse: Kleine Freuden: *Verstreute und kurze Prosa aus dem Nachlaß*, Frankfurt / M. 1977

67 Ebenda

68 Wolfgang Schmidbauer: *Im Körper zuhause. Alternativen für die Psychotherapie*, Frankfurt / M. 1982, S. 120

69 Ebenda, S. 68

70 Ebenda, S. 9